David Kaufmann

Die Theologie des Bachja in Pakuda

David Kaufmann

Die Theologie des Bachja in Pakuda

ISBN/EAN: 9783744657990

Hergestellt in Europa, USA, Kanada, Australien, Japan

Cover: Foto ©ninafisch / pixelio.de

Weitere Bücher finden Sie auf **www.hansebooks.com**

DIE THEOLOGIE

DES

BACHJA IBN PAKUDA.

VON

DAVID KAUFMANN.

WIEN, 1874.
IN COMMISSION BEI KARL GEROLD'S SOHN
BUCHHÄNDLER DER KAIS. AKADEMIE DER WISSENSCHAFTEN.

Das Leben Bachja's.

Von dem Verfasser der ‚Herzenspflichten' ist ausser seinem Buche wenig mehr als der Name auf die Nachwelt gekommen. Dass er Bachja[1] ben Josef ibn Pakuda[2] geheissen, ist fast das Einzige, was wir mit Sicherheit über ihn wissen. Wo und wann er geboren wurde, wo und wann er sein Werk verfasste,[3] es ist uns nichts Bestimmtes darüber überliefert.

[1] Selbst der Name ist, was die Aussprache anbetrifft, streitig. Munk (Mélanges 482, 3) entscheidet sich, gestützt auf die Schreibung des Namens bei spanischen Autoren, für die Aussprache: Bachja, wiewohl hergebrachter Weise der Name gewöhnlich Bechai geschrieben und gesprochen wird. Für die Richtigkeit der Aussprache: Bachja scheint die Analogie des Namens יחיא Jachja zu sprechen.

[2] Dass Pakuda Familienname war, hat Sachs (die religiöse Poesie der Juden in Spanien S. 274, 1) durch anderweitige Nachweisung des Namens wahrscheinlich zu machen gesucht.

[3] In dem arabischen Auszuge aus den ‚Herzenspflichten', über den im Orient (1851, Lb. 737—749) eine Mittheilung gegeben ist, findet sich zwar in dem Epigraph des Werkes die Angabe: המחבר יחברו מקדמת דנא בשנת תשרס לפק, woraus als Abfassungszeit der ‚Herzenspflichten' das Jahr 1040 sich ergibt, jedoch bestimmt die Entschiedenheit der Behauptung ohne Anführung einer Quelle nur zur Bezweiflung ihrer Richtigkeit und Pinsker geht zu weit, wenn er (a. a. O. S. 738 Anm.) darüber sagt: ‚So lernen wir nebenher die Zeit genau kennen, in welcher das Buch חובות הלבבות abgefasst worden, nemlich ד'א שר'ש = 1040'. Die Verlässlichkeit dieser Angabe hat auch Steinschneider bereits bezweifelt (Jewish Literature 297, A. 20).

worden und an Stelle geschichtlicher Angaben müssen Vermuthungen uns auf diese Fragen Antwort geben. Er scheint, im eilften [1] Jahrhundert in Spanien, [2] wie die ständige Bezeichnung [3] seines Namens besagt, Rabbiner gewesen zu sein. Da wir ausser einigen Gebetstücken [4] kein anderes Werk Bachjas kennen als die ‚Herzenspflichten', wie er denn überhaupt kein anderes geschrieben zu haben scheint, so muss in allen auf ihn bezüglichen Fragen dieses uns Rede stehen. So gilt es denn auch in der Frage nach der Abfassungszeit seines Werkes, die in demselben gegebenen Andeutungen und Anhalts-

---

[1] Wahrscheinlich durch Verwechslung der Jahreszahl der Uebersetzung mit der des Originals hat man häufig das zwölfte Jahrhundert als Zeitalter Bachjas angegeben. Erst Rappoport hat in der Biographie des R. Nathan (Bicure Haittim 10, Aum. 40) darauf aufmerksam gemacht, dass Bachja nicht nach Alfassi geschrieben haben könne, da er ihn sonst in der Aufzählung der ihm bekannten talmudischen Literatur erwähnt haben würde. Bedenkt man, dass Alfassi sehr bald in Spanien berühmt wurde (Grätz, Geschichte der Juden VI?, S. 69, 2), so ergibt sich aus Rappoport's Wahrnehmung, dass Bachja lange vor Ende des eilften Jahrhunderts geschrieben haben müsse.

[2] אחד מהחכמי ספרד הוא רבינו בחיי הדיין בר יוסף ז״ל nennt ihn der Uebersetzer Jehuda ibn Tibbon in der Einleitung. Dass Bachja aus Saragossa stamme, hat zuerst Zunz vermuthet (Additamenta ad catal. codd. hebr. biblioth. Sen. civit. Lips. S. 318) und Jellinek (Einleitung zu Benjacobs Ausgabe des חובות הלבבות Leipzig 1846, VII) weiter ausgeführt, ohne jedoch Zunz' Vermuthung zu verstärken. Apparet hoc nomen propo sola in Arragonia quaerendum esse; quare auctorem libri Chobot halebabot Caesaraugustae natum esse conjectura assequi licet, sagt ‚vermuthungsweise' Zunz (a. a. o.). Steinschneider (Ersch und Gruber, Jüd. Lit. S. 399), Munk (Guido I, 339, 1), Fürst (Bibliogr. Art. Bachja) versetzen Bachja nach Saragossa, wie wenn hierüber uns etwas Thatsächliches bekannt wäre. Geiger (Wissenschaftliche Ztsch. für jüd. Theol. I. S. 33) versetzt ihn ohne Angabe eines Grundes nach Cordova.

[3] تأليف ر׳ בחיי בר יוסף הדיין نظر الله وجهه heisst es auf der Ueberschrift des Pariser Originals, הדיין wird Bachja auch von Ibn Tibbon genannt. Der Beiname הדסד bezieht sich nur darauf, dass er ein ethisches Werk geschrieben (vrgl. Sachs a. a. O. 273, 1), הוקן dient dazu, den Verfasser der ‚Herzenspflichten' von jüngeren Namensgenossen zu unterscheiden.

[4] Vrgl. die Recension derselben von Luzzato in Baumgartens Ausgabe des הובות הלבבות (Wien, 1854) und die Uebersetzung der Tochacha und die Bemerkungen darüber bei Sachs (a. a. O. 63; 275).

punkte über die Benützung von Vorgängern zu erwägen, um
so durch Ermittelung des Zeitpunkts, bis zu dem Bachjas
Quellen reichen, mit annähernder Wahrscheinlichkeit auch das
Alter seines Buches festzustellen.

Die Quellen Bachja's.

Um die Neuheit seines Unternehmens zu schildern und
zu rechtfertigen, gibt Bachja eine Uebersicht der auf dem
Gebiete der Religionswissenschaft ihm bekannten Leistungen,[1]

---

[1] Der Wichtigkeit der Stelle wegen (Einleitung 5—6 ed. Benjacob, nach
der ich citire) will ich den arabischen Wortlaut hierhersetzen. Diese wie
alle folgenden Anführungen aus dem Original der Pariser Handschrift
(hebr. 756) verdanke ich der Freundschaft des Hr. Dr. Alexander Kisch, wie
die aus der Oxforder Handschrift der Güte des Hr. Dr. Adolf Neubauer.
Beide Handschriften stimmen an dieser Stelle bis auf einige Abweichungen überein:

ולما כאן علم פראיץ אלדין על צרבין אחדהמא
ظاهر والاخر باطן תצפחת כתב מן סלף (תקדם Oxford)
מן אואילנא בעד אהל ה‎תלמוד אלדין צנפוא פי אמור
אלטאעה פי O.) אלשראיע תואליף כתירה לוקוף מנהא עלי עלם
אלבאטן פאלפית (?) ג̇מיע מא תקדם (קצדוא O.) שרחה וביאנה
לם יכ̇ל מן אחד תלתה אסבאב (אע̇ראץ O.) אחדהא שרח
כתב אללה (נצוץ כתאב אללה O.) עז וג̇ל וכתב אנביאה
ואוליאאה (אלאנביא עא̇ס O.) וד̇לך עלי אחד וג̇הין אמא
שרח לפטהא ומעניהא מתל תפאסיר (שרוח O.) רב סעדיה רצ̇י
אללה ענה לאכתר כתב אלעבראניה ואמא שרח מעאני לגתהא
ומג̇אזאתהא ותצאריפהא ואחאטתהא וצ̇בט (אלפאטהא O.) אלפאט
כתאבנא מתל כתב בן ננאח נטר אללה וג̇הה במא פיה כפאיה
וכתב אצחאב אלמסרה ומן ג̇רי ג̇ראם (מתל O. fehlt von
(bis hierher. ואלצ̇רב אלתאני מכ̇תצר עיון אלשראיע אמא כלהא
(O. fehlt) מתל כתאב לחפץ (בן מצליח O.) פי אלשראיע (O. fehlt)
ואמא אכתרהא (ואמא מא ילזמנא מנהא פי הד̇א אלזמאן O.)
מתל הלכות גדולות והלכות קצוקת (ומא מאתלהא O.) ואמא ג̇זא מן
אג̇זאיהא מתל כתב סאיר אלדאונים פי אלסאלות ותסובות

von denen keine mit der Anleitung zu innerer Religiosität sich beschäftige. Er theilt diese Leistungen in drei Theile: 1. in solche, die mit der Erklärung der h. Schrift und der Propheten, u. z. entweder mit der Wort- und Sacherklärung, wie der Bibelcommentar des Saadias, oder mit den Spracherscheinungen und ihren Gesetzen, der Syntax und der Formenlehre, wie die Werke Ibn Ganâchs, der Massoreten und ihrer Nachfolger, sich befassen. 2. in solche, die den ganzen Lehrinhalt der Gesetze in ein kurzgefasstes Compendium bringen, wie das Buch des Chefez ben Jazliach,[1] oder nur das im praktischen Leben davon Anwendbare behandeln, wie die Sammlungen[2] der Decisionen, oder endlich gar nur einen bestimmten Theil der Gesetze erörtern, wie die Werke mancher Gaonen. 3. in solche, die den Inhalt der Lehre zur Ueberzeugung durch Beweise erheben und wider alle Anfechtungen sichern wollen, wie das Buch über

Der Schluss (O. fehlt von (واما فرايض الاجسام وعقد الاحكام
der Stelle lautet nach der Oxforder Handschrift: والضرب الثالث
تقرير معاني الشريعة فى النفوس بطريق الاستدلال والرد
على من خلفنا مثل كتاب الامانات والاعتقادات وكتاب
اصول الدين وكتاب المحكم وما جرى مجراة فلم اجد
فيها كتابا مخصوصا بالعلم الباطن فرايت هذا العلم
اعنى علم فرايض القلوب مهملا غير مضبوط فى كتاب
يحوى اصوله وفروعه غير مزموم فى تاليف يحيط بفصوله.
Von Belang wäre im Original nur die Formel, die dem Namen Ibn Ganâchs folgt und in unseren Ausgaben weggelassen ist. Grätz (n. a. O. S. 388) folgert aus der Weglassung von ז"ל beim Namen Ibn Ganâchs, dass Bachja ‚wohl noch' bei dessen Leben sein Werk verfasst habe. Da die Jahreszahl von Ibn Ganâchs Tode nicht feststeht, so ist die Formel der Pariser Handschrift vorläufig nicht kritisch verwendbar, jedenfalls ist aber Grätz' Argumente damit der Boden entzogen.

[1] Gemeint ist das كتاب الشرايع oder ספר המצוות des wahrscheinlich im zehnten Jahrhundert lebenden babylonischen Gelehrten חפץ בן יצליח. Vgl. über ihn und sein Werk Zunz' Nachweisungen in Haarbrücker's Tanchumi Hier. comm. in Proph. arab. spec. p. 53—54, Munk, Notice sur Aboul'l-Walid Merwan 198, 1 und Rosin, ein Compendium der jüd. Gesetzeskunde S. 15 Anm. 3.

[2] Ueber הלכות גדולות und הלכות פסוקות הלכות vrgl. Fürst, Geschichte des Karäerthums II, 9 Anm. 7 u. 9.

die Glaubenslehren, das Buch über die Wurzeln der Religion,[1] das Buch Mokammez[2] und ähnliche Werke. Wenn auch Bachja nicht sagt, dass er diese Leistungen für sein Werk benützt habe, so lässt es sich doch annehmen, dass er unter dem Einflusse der ihm bekannten philosophischen Werke seiner Vorgänger, denn nur von diesen kann hier die Rede sein, werde gestanden haben, dass also die von ihm genannten Bücher der dritten Art seine jüdischen Quellen gewesen sein mochten, wie es sich auch in der That für Saadias und Mokammez wird erweisen lassen.

Die Nichterwähnung Salomon ibn Gabirols in dieser Aufzählung-philosophischer Quellen erscheint sofort auffällig. Wenn wir aber die Verschweigung seiner philosophischen Leistungen aus irgend einem Grunde[3] erklären könnten, so erhält die Nichterwähnung Gabirols alsbald eine nicht wegzu-

---

[1] Schmiedl (Frankel's Mtsch. 1861. S. 184) nimmt an, dass hier das Muhtawi Josef al-Basirs (Frankl. ein mu'tazilitischer Kalâm S. 7) gemeint sei, da am Schlusse desselben der Ausdruck vorkommen soll: נשלם סינעימות הנקרא בל ע מחתוי על עקרי הדין. Einen Anhaltspunkt für diese Vermuthung kann man aus der Vergleichung des von diesem Werke Bekannten mit der Lehre Bachjas nicht ermitteln. Mit mehr Grund, wie es scheint, vermuthet Steinschneider, dass שרשי הדת auf das Werk Samuel ibn Chofni's sich beziehe (Catal. Leyden S. 108; Cat. Bodl. 2164), das den Titel führte نسخ الشرايع واصول الدين وفروعها Vrgl. Fürst, Ztsch. der d. m. Ges. XX, 202. Steinschneiders Vermuthung gewinnt eine bedeutende Stütze an dem Umstande, dass auch Jehuda Barcelloni Saadias, Samuel ibn Chofni und Mokammez nebeneinander anführt (Orient 1847 Lb. S. 618—619) und dass in dem Werke dieses Gaons dem Titel zufolge wirklich ‚Widerlegung und philosophische Begründung', wie Bachja von den drei Werken aussagt, vertreten gewesen zu sein scheint.

[2] Dass das Buch des David al-Mokammez seinen Namen trug, ספר המקמץ also nicht Buch des Mokammez, sondern das ‚Buch Mokammez' zu übersetzen ist, berichtet Jedaja Penini in seinem כתב ההתנצלות. vrgl. Munk, Mélanges 475 Anm. Ueber den Mann und sein Werk s. Munk a. a. O. 474—476 und Fürst, Orient 1847 Lb. S. 644—648.

[3] Man darf in der That nicht ganz übersehen, dass Bachja neben diesen drei Werken auch noch von ‚ähnlichen' spricht. Uebrigens hat die Philosophie Gabirols unter den Juden sich keiner sonderlichen Beliebtheit erfreut, wie aus den bitteren Aeusserungen Abraham ibn Dauds deutlich hervorgeht, vrgl. über diesen Punkt Munk a. a. O. 268—274.

läugnende Bedeutung, wenn wir an die ethischen Werke dieses Mannes denken, wie ‚die Perlenauswahl'¹ oder die Schrift ‚von der Veredelung der Sitten'. Diese hätte Bachja doch sicherlich erwähnen müssen, wenn sie ihm bekannt gewesen wären, während er, seines Wissens der erste zu sein, entschieden behauptet, der jemals eine moralphilosophische Schrift geschrieben. Bachja kann also den Gabirol unmöglich benützt haben und es bleibt, da wir in der Schrift ‚von der Veredelung der Sitten' eine entschiedene Verwandtschaft² mit Bachja in einem Punkte

¹ Vrgl. die Einleitung Asher's zu seiner Ausgabe des מבחר הפנינים A Choice of Pearls, London 1859 und über dieses, wie über das folgende Geiger's Salomo Gabirol S. 86—87.

² Um Anweisungen über den richtigen Gebrauch unserer Seeleneigenschaften zu geben, theilt Gabirol diese in zwanzig, die er zu zehn immer einen Gegensatz umfassenden Paaren vereinigt. Diese zehn Paare finden wir eben bei Bachja III, c. 10, wo die Seele ebenfalls Anweisungen zum geeigneten Gebrauch ihrer Kräfte verlangt. Ich will die Uebereinstimmung zwischen beiden durch Angabe der Stellen, an denen Gabirol im ספר תקון מדות הנפש (in נירן נבון ed. Luneville) diese Paare behandelt, im Einzelnen nachweisen. I. Freude und Trauer, bei Bachja השמחה והאבל. bei Gabirol III, 1 u. 2 השמחה והדאגה. II. Furcht und Hoffnung המורא והתקוה, dafür bei G. III, 3 u. 4 בטחון ושלה־זחרטה. III. Tapferkeit und Zaghaftigkeit. הגבורה והמורך wird bei beiden übereinstimmend dieses Paar genannt, nur behandelt G. letztere V, 4 mehr als Trägheit, während er erstere V, 3 genau so wie Bachja darstellt. IV. Scham und Dreistigkeit, הבשת והעזות bei beiden genannt; selbst die charakteristische Behandlung der letzteren bei Bachja finden wir bei Gabirol wieder, I, 3 u. 4. V. Zorn und Wohlwollen, הכעם והרצון bei beiden genannt, bei G. IV, 1 u. 2. VI. Barmherzigkeit und Härte, הרחמים והאכזריות bei beiden genannt, bei G. II, 3 u. 4. VII. Stolz und Demuth, הגאוה והענוה bei beiden genannt, bei G. I, 1 u. 2; der Ausdruck השפלות bei Gabirol ist nur eine andere Uebersetzung für ענוה, wie es in der nach den fünf Sinnen geordneten Tabelle (a. a. O. 86) in der That auch heisst. VIII. Liebe und Hass, האהבה והשנאה bei beiden genannt, bei G. II, 1 u. 2. IX. Freigiebigkeit und Geiz הנדיבות והבילות, bei G. V, 1 u. 2 הנדיבות והציקנות. X. Lässigkeit und Eifer העצלה והחריצות, bei G. הקנאה והחרצות; Gabirol zählt hier IV, 3 קנאה, nicht עצלה auf, weil er diese IV, 4 unter מורך bereits behandelt hat, übrigens erwähnt er sie auch hier IV, 4 als Gegensatz zu חריצות. So entspricht also dieses Zehnpaar von Eigenschaften bei Gabirol genau dem von Bachja aufgestellten. Allerdings hat Gabirol diese Eigenschaften auf ‚die vier Mischungen': Blut, Schleim, Gelb- und Schwarzgalle und die fünf Sinne zurückgeführt und die meisten derselben ausführlich und selbstständig behandelt. Bedenkt man aber, dass diese Eintheilung das Gerippe des Gabirol'schen Buches bildet und dass selbst

finden, nur die Annahme übrig, dass Gabirol in dieser Schrift
bereits aus dem Werke Bachjas entlehnt habe.

Dass Bachja auch die Literatur der Araber gekannt und
benützt habe, würden wir schon wegen seines Aufenthaltes in
Spanien anzunehmen ein Recht haben. Denn hier, auf dieser
Halbinsel erfolgte jene innige Bekanntschaft der Juden mit den
geistigen Erzeugnissen der Araber, die der hebräischen Sprache
einen neuen Liederfrühling, dem jüdischen Geiste ein kräftiges
Erwachen und Aufleben in Philosophie und Wissenschaft brachte.
Bei einem jüdisch-spanischen philosophischen Schriftsteller aus
der Zeit, in der ungefähr Bachja gelebt haben mochte, ist die
Kenntniss des arabischen Schriftthums von vornherein vorauszusetzen. Aber er sagt es uns selbst ganz ausdrücklich, dass
er zur Erhöhung der Wirksamkeit ‚von den Moralisten und
Philosophen jedes Volkes‘, deren Lehren ihm bekannt geworden
waren, Aussprüche in sein Werk aufgenommen habe, weil er von
diesen eine grössere Eindrucksfähigkeit auf die Herzen seiner
Leser sich versprach. Wir erfahren hier also unzweifelhaft, dass

---

in charakteristischen Einzelheiten Anklänge an Bachja in der Behandlung
vorkommen, so wird man in dieser Aehnlichkeit, ja Uebereinstimmung
nicht ein zufälliges Zusammentreffen, das übrigens auch schon durch die
scharf markirte Eigenthümlichkeit der Eintheilung ausgeschlossen ist,
sondern eine Entlehnung und Abhängigkeit von Bachja erblicken. Und
selbst die Annahme einer gemeinsamen Quelle scheint aufgegeben werden
zu müssen, wenn man bemerkt, wie diese Eintheilung bei Bachja noch
nicht fest ist, sondern den Charakter des nur flüchtig und nebenher, aber
selbstständig Gegebenen trägt מרותיך רבות אזכור לך מהם מה שנודמנלי בקצרה,
(S. 184) und wenn man dabei bedenkt, wie oft solche gelegentliche Bemerkungen eines Autors zu weiterer und vertiefterer Ausführung derselben
einem anderen Autor häufig in der Literatur Veranlassung geben. Diese
Annahme wird durch keinen Nachweis der Entlehnung von Gabirol bei
Bachja widerlegt. Die Anführung bei Bachja VI, c. 7; S. 306 gehört,
wie Dukes in נחל קדומים II, S. 42, A. 24 ermittelt hat, dem Isak ben
Lewi ibn Saul an und nicht dem Gabirol, dem es manchmal zugeschrieben
wird. Wenn Baumgarten (a. a. O. S. X) den von Bachja VI, c. 5;
S. 297 angeführten Ausspruch eines Weisen als eine Entlehnung aus
Gabirol bezeichnet, bei dem dieser Satz in מבהר הפנינים (ed. Asher
S. 126 Nr. 624) in etwas anderer Fassung vorkommt, so beweist diess
durchaus keine Abhängigkeit von Gabirol, da ihn dieser wie so viele
andere Sprüche sicherlich selbst aus der Quelle entlehnt hat, aus der er
zu Bachja gekommen.

Bachja ‚Worte der Philosophen' in sein Buch eingestreu[1] habe, dass ihm Werke arabischer Philosophen bekannt sein mussten. Wer waren nun diese Philosophen? Der Mann, der die Reinigung der Hauptquelle aller arabischen Philosophie, des Aristoteles von neuplatonischen[2] Trübungen mit Kraft und Entschiedenheit vollführt hatte und den die Araber selbst als das Haupt[3] der Erklärer und Verbreiter des aristotelischen Systems betrachteten, war Abu Ali ibn Sina. Bei den lebhaften Beziehungen, die in literarischen Dingen zwischen den Arabern Spaniens und dem Mutterlande bestanden, und bei der grossen Bedeutung, die Ibn Sinas Schriften bald erlangen mussten, dürfte die Vermuthung gegründet sein, dass die philosophischen Leistungen dieses Mannes nicht lange nach ihrem Erscheinen in Spanien[4] werden bekannt worden sein.

[1] Als sollte das Verdienst des bescheidenen Mannes, das er durch die Abfassung der ‚Herzenspflichten' unstreitig sich erwarb, vollständig mit den näheren Umständen seines Lebens vergessen werden, hat seine Leistung zu verschiedenen Zeiten nur als Uebersetzung eines arabischen Werkes gegolten. Die venezianische Ausgabe (ed. Bomberg 1548) des חובת הלבבות bezeichnet das Werk sogar auf dem Titel ausdrücklich als Uebersetzung eines älteren arabischen Buches, die רבינו בחיי הרב הגדול angefertigt haben soll, vrgl. Jellinek (a. a. O. XXXVII). Casiri (Biblioth. Arabico-Hispanae Escurialensis I. p. 218, Nr. 726) sagt von dem كتاب قوت القلوب des Ibn Athia: Hoc autem opus nedum Mahometani, sed alii etiam Orientales tanti faciunt, ut Hebraice bis conversum fuerit (vrgl. ib. p. 221, Nr. 735 und Gazzali im منقذ p⁴ bei Schmölders Essai S. 54). Es scheint hiernach, dass bereits Casiri den חובות הלבבות meinte, wenn er von zweimaliger Uebersetzung Ibn Athias in's Hebräische spricht. Deutlich sagt es freilich erst Herbelot (Bibliothèque orientale p. 135): la provision des coeurs qui a été traduit de l'Arabe en Hebreu sous le nom de Khobeth allevavot. Vrgl. Steinschneider, Cat. Bodl. 780. Zunz' vorsichtiger Ausdruck: Bechai, ‚dem selber arabische Muster vorgeleuchtet' (zur Geschichte und Literatur 127, a) kann darum aber dennoch zu Recht bestehen bleiben.

[2] Vrgl. hierüber Munk, Mélanges 366 und Ritter, die christl. Phil. I, 557 und seine Bemerkungen über Alfarabi 552.

[3] So nennt ihn Schahrastani (H. II, S. 160) vrgl. auch Munk a. a. O. S. 352.

[4] Besonders spanische Araber, die zu ihrer Ausbildung in der Wissenschaft nach dem arabischen Mutterlande reisten, vermittelten die Kenntniss der Spanier von den literarischen Vorgängen des Orients. Vrgl. über den Verkehr zwischen Arabien und Spanien Jourdain's Forschungen (deutsch von Stahr S. 93, 1). Herr Dr. Steinschneider in Berlin hatte die

Gibt es nun bestimmte Kennzeichen, an denen die Kenntniss eines Denkers von Ibn Sina mit Sicherheit zu beurtheilen wäre? Ich will nicht davon sprechen, dass man an dem neuplatonischen Charakter eines Systems bei Arabern und Spaniern ein Kriterium dafür hat, dass sein Urheber kaum durch die Schule Ibn Sinas hindurchgegangen ist, es gibt dafür noch bestimmtere Anhaltspunkte. Solch ein Anhaltspunkt ist in der Metaphysik die Lehre vom Nothwendig-Existirenden, in der Psychologie die Eintheilung der Seelenkräfte.

Zwar hat auch bereits Alfarabi [1] ein doppeltes Sein unterschieden, das des Möglichen und das des Nothwendigen und Gott als das nothwendige Sein, die Quelle alles möglichen Seins hingestellt, aber in ihrer Ausbildung und Entwickelung gehört diese Lehre erst dem Ibn Sina an und in ihm ist der Ursprung jenes Begriffes zu suchen, der nachmals in der jüdischen Religionsphilosophie eine so mächtige Bedeutung erlangt hat. Wenn wir nun bei Bachja diesen Begriff vermissen,[2] ja nicht einmal den Namen: Nothwendig-Existirender bei ihm antreffen, wenn,

---

Güte, mich darauf aufmerksam zu machen, dass der Canon Ibn Sinas erst zur Zeit des Abu'l Ala ibn Zohr, also gegen 1100 in Spanien bekannt wurde (vrgl. Steinschneider in Virchow's Archiv Bd. 57, S. 111). Bei dem allgemeineren und lebhafteren Interesse für Philosophie unter den Arabern ist es jedoch wohl möglich und wahrscheinlich, dass Ibn Sinas philosophische Schriften früher nach Spanien gelangt sein werden.

[1] Dies ergibt sich aus den Fontes quaestionum bei Schmölders, Documenta 41—45. Auf die Untersuchung, ob Bachja den Alfarabi kannte, braucht hier nicht eingegangen zu werden. Zur Frage nach dem Zeitalter Bachja's wäre sie auch nicht von Belang. Uebrigens werden im Verlaufe der Darstellung Aehnlichkeiten mit Alfarabi sich herausstellen, die uns aber zur entschiedenen Behauptung, dass Bachja den Alfarabi gekannt und benützt habe, durchaus noch nicht berechtigen können.

[2] Für die Behauptung, Bachja habe in neuplatonischer Ueberschwenglichkeit etwa die Bezeichnung Gottes als des Nothwendig-Existirenden verworfen, wobei also immer noch die Möglichkeit übrig bliebe, dass Bachja Ibn Sinas Lehre gekannt habe und sie nur nicht benützen wollte, liegt in der Darstellung Bachjas nicht der mindeste Grund vor, da wir nicht einmal einer Andeutung darüber bei Bachja begegnen, dass Gott über das Sein hinaus sein müsse (vrgl. Zeller, Phil. d. Gr. III², 2, S. 435, 1), oder dass Bachja sich dagegen irgend gesträubt hätte, Gott als Ursache zu bezeichnen, wie z. B. Plotin es thut (Zeller a. a. O. S. 441, 1), der wider jede Aussage einer Thätigkeit von Gott Bedenken trägt.

wie sich weiter zeigen wird, Bachja nur darum zu verwickelteren Beweisen seine Zuflucht nehmen musste, weil ihm die Lehre vom Nothwendig-Existirenden [1] nicht bekannt war, so haben wir allen Grund, die Bekanntschaft Bachjas mit Ibn Sinas philosophischen Werken zu bezweifeln, wenn nicht gar völlig zu bestreiten.

Von Ibn Sina rührt auch jene berühmte Eintheilung [2] der Seelenkräfte her, die bald von seinen Nachfolgern unter den Arabern [3] angenommen wurde und seitdem bei den Juden [4],

---

[1] Die Nachweise für diese Behauptungen werden in der Darstellung des IV. Einheitsbeweises folgen.

[2] Ibn Sina theilt die Kräfte der Seele in fünf, denen er ganz bestimmte Plätze im Gehirn zuweist. Es sind diess folgende: I. الحس المشترك der Gemeinsinn ,(mit Namen) φαντασία'. II. Die Ein- und Abbildungskraft الخيال. III. Die sinnliche Urtheilskraft, die bei den Thieren Vorstellungs-, bei den Menschen Denkvermögen genannt wird المتخيلة. IV. Die Vorstellungskraft oder Phantasie, wie wir sie nennen الوهمية. V. Das Gedächtniss oder die aufbewahrende Kraft القوت الحافظة. Vrgl. Schahrastani ed. Cureton II, 416—417, Haarbrücker's Uebersetzung II, 314 - 315. Eine sehr klare Auseinandersetzung über die Bedeutung dieser Kräfte hat Ritter (die christl. Phil. I, 560 -561) gegeben, nur hat er die Ordnung dieser Eintheilung insofern verkehrt, als er die Phantasie zur fünften Kraft macht, während sie bei Ibn Sina naturgemäss an vierter Stelle steht, damit das Gedächtniss auch als bewahrende Kraft der Phantasieäusserungen erkannt werde. Diese scheinbare Aeusserlichkeit hat auch die Richtigkeit der Ritter'schen Darstellung in diesem Punkte beeinträchtigt, da sie die Bedeutung des Gedächtnisses fälschlich nur auf die Urtheile der sinnlichen Urtheilskraft allein einschränkt.

[3] Schon bei Gazzali finden wir dieselbe Eintheilung bis in ihre physiologischen Einzelheiten genau angenommen (מאזני צדק ed. Goldenthal p. 30—31). Auch die Terminologie, so weit sie durch die hebräische Uebersetzung hindurchschimmert, ist bei beiden dieselbe: I. חוש משותף oder בח דמיוני, genau wie Ibn Sina, bei dem der Gemeinsinn auch φαντασία heisst. II. הבח הטומר ist dem Sinne nach übersetzt. III. בח רעיוני enthält bei beiden dieselben Bestimmungen und Beispiele, nur ist sie in der Ordnung bei Ibn Sina die vierte. IV. בח זוכר oder הבח השומר ist bei Ibn Sina die fünfte. V. הבח החושב ist wegen der logischen Zusammengehörigkeit aller auf den Gemeinsinn bezüglichen Kräfte bei Ibn Sina die dritte.

[4] Die Eintheilung der Seelenkräfte bei Jehuda Halewi (Kusari ed. Cassel, 2. Aufl. S. 390—391) scheint ebenfalls der Ibn Sinas zu folgen. Die

wie auch bei den Scholastikern Eingang fand. Auch hier können wir die gleiche Wahrnehmung machen wie bei der Lehre von durch Textesschwierigkeiten noch erhöhte Dunkelheit dieses Punktes in der Psychologie Jehuda Halewis bestimmt mich, diese Eintheilung und ihre Abhängigkeit von der Ibn Sinas hier genauer in's Licht zu setzen. Die fünf Kräfte sind nach Jehuda Halewi folgende: I. הדרגשה המשתתפת der Gemeinsinn. II. הכח היצורי (oder ציורי?) die abbildende Kraft, in der die Abbilder der Dinge nach dem Aufhören der sinnlichen Wahrnehmung bleiben, deren Inhalt also „immer wahr" ist. III. הכח היצרי die sinnliche Urtheilskraft, die den Inhalt der abbildenden Kraft trennt und verbindet. IV. הכח המחשבי die Phantasie, die zur Aufsuchung des Nützlichen und zur Flucht vor dem Schädlichen antreibt. V. הכח השימר das Gedächtniss, das durch Festhaltung der in gewissen Fällen erfolgenden Aeusserungen der Phantasie zum Instincte wird. Hierdurch wird erst eine andere Stelle verständlich, in der Jehuda Halewi eine andere Eintheilung zu geben scheint (a. a. O. 387—389). In Wahrheit ist sie genau dieselbe. Er trennt hier den Gemeinsinn in zwei Theile, in den aufnehmenden und in den bewahrenden, und dieser letztere Theil ist es, den er הדרגשה המשתתפת והכח הזובר nennt, als weitere Ausführung der auch hier gebrauchten Bezeichnung כח יצור. Auch die Bestimmung der dritten Kraft והכח היצרי להקריב בו מה שנמצע מהזוברון passt vorzüglich, da diese eben ordnet und beurtheilt, was הזוברון = הכח היצורי enthält und selber zu ordnen nicht vermag. Die vierte Kraft wird hier so gefasst, als würde der Inhalt der vorhergehenden durch sie auf seine Richtigkeit geprüft. Ich verbinde und übersetze die Worte: והכח המחשבי לעמוד בו על ברור מה שיחדשהו היצרי והסרו folgendermassen: Die Vorstellungskraft, die das, was die sinnliche Urtheilskraft ermittelt hat, nach seiner Richtigkeit oder Falschheit erkennen hilft. Die darauffolgenden, in allen Fällen schweren und dunklen Worte קצת מהעמידה החדשה עד שישיבהו אל הזוברון scheinen die fünfte Kraft, das Gedächtniss zu bezeichnen und sagen zu wollen, dass nur ein Theil des durch die Vorstellungskraft Geprüften es ist, was dem Gedächtniss überliefert wird, da eben manches leicht entschwindet. Bestätigt wird diese Auffassung dadurch, dass Jehuda Halewi (a. a. O. S. 390) selbst ausdrücklich den Inhalt des כח היצרי als zum Theil richtig und zum Theil falsch ויש שיהיה אמת ויש שיהיה שקר bezeichnet, da er von der „richtenden Kraft" der Phantasie beurtheilt werden muss. Die genaue Uebereinstimmung mit Ibn Sina beweist die Gleichheit der physiologischen Angaben: ההצטיירות בפני המוח; so verweist auch Ibn Sina und nach ihm Gazzali die abbildende Kraft in die vordere Höhlung des Gehirns. והיצרי באמצעיתו, wie auch Ibn Sina und Gazzali die sinnliche Urtheilskraft in die mittlere Höhlung verlegen. והזוברון במאוחרו; auch nach J. S. und G. liegt das Gedächtniss in der hinteren Höhlung. והמחשבי בכללו ורובו במקום היצרי ;J. S. und G. versetzen ebenfalls die Phantasie in die mittlere Höhlung des Gehirns, die auch Sitz der sinnlichen Urtheilskraft ist. Die Eintheilung der Seelenkräfte bei Jehuda

dem Nothwendig-Existirenden, dass Ibn Sina nicht der eigentliche Begründer, sondern nur der Ausbildner[1] dieser Eintheilung war, der er einen endgültigen Abschluss und eine bleibende Fassung gegeben hat. Da diese nun einen gleichsam kanonischen Charakter annahm, so dass sie, wenn sie erst einmal bekannt

> Halewi ist somit die Ibn Sinas. Mit den Worten (S. 390—391): והבח היצרי בהשתמש בו המחשבי יקרא יצרי ובהשתמש בו המדבר יקרא מחשבי will er sagen, dass die Thiere mit der sinnlichen Urtheilskraft urtheilen, während die Menschen dies mit der Vorstellungskraft thun. Der Satz klingt wie eine Uebersetzung der Worte Ibn Sinas: (Schahr. والقوة التى تسمّى متخيّلة بالقياس الى النفس الحيوانية وتسمّى مفكرة بالقياس الى النفس الانسانية II, 417; H. II, 316). Dass מחשבי die animalische Seele bedeutet (Cassel, 390, 7), beweisen J. H.'s Worte (389, Z. 12 und 16). Hiernach ist die Eintheilung bei Schmiedl, Studien S. 145 zu berichtigen.

[1] Eine Eintheilung der Seelenkräfte hat allerdings bereits Alfarabi gegeben. Sie lautet: والاحساس الباطنة المتخيّلة والوهم والذاكرة والمفكرة (Schmölders, Documenta ۳۴). Alfarabi nimmt also nur vier Seelenkräfte an, der Gemeinsinn الحسّ المشترك fehlt in der Aufzählung ganz, die Terminologie ist eine andere als die Ibn Sinas, der eine Kraft, wie die vierte Alfarabis: المفكرة gar nicht annimmt. Schmölders irrt daher, wenn er (a. a. O. S. 119) diese mit der Ibn Sinas durchaus nicht übereinstimmende Eintheilung Alfarabis mit ihr identificirt. Wenn Schmölders hinzufügt, dass sie bei allen arabischen Peripatetikern und sogar noch im vierzehnten Jahrhundert bei dem Dogmatiker Adhadeddin al-Îgi sich finde, so ist es eben nur Ibn Sinas, aber nicht Alfarabis Eintheilung, die solche Verbreitung gewann und mit der Terminologie des Urhebers sich bis al-Îgi in den Mavâkif und noch viel länger erhalten hat, nur dass der orthodoxe Îgi in der Anordnung der bereits angeführten des frommen Gazzali folgt und die sinnliche Urtheilskraft zuletzt stellt. Schmölders irrt daher wohl auch, wenn er zur Erklärung Alfarabis die Definitionen des التعريفات كتاب heranzieht, die fast wörtlich dem Ibn Sina entlehnt sind, was auch Schmölders (S. 116) zu bemerken nahe daran ist. Nach dem was von Alfarabi uns vorliegt, ist es selbst bei den mit Bezeichnungen Ibn Sinas übereinstimmenden, von Alfarabi angenommenen Kräften nicht zu entscheiden, ob er ihnen dieselben Functionen wie Ibn Sina zuertheilte. Mit dem Resultate dieser Untersuchung, dass Ibn Sina der Ausbildner dieser Eintheilung gewesen, stimmt Ritters Ansicht überein: „Dass er als der Begründer dieser Lehrweise angesehen werden darf, ergibt sich wenigstens mit Wahrscheinlichkeit daraus, dass

war, nicht leicht übergangen und durch eine andere ersetzt werden konnte, so ist uns die von Bachja gegebene Eintheilung der Seelenkräfte dafür wenigstens ein Beweis, dass ihm die von Ibn Sina herrührende nicht[1] bekannt war.

Wer waren nun aber jene arabischen Philosophen, deren Aussprüche Bachja für sein Werk benützt zu haben angibt? Jene Männer scheinen es gewesen zu sein, die unter den Arabern der Aufgabe sich unterzogen, fromme Aufklärung zu verbreiten, die Wahrheiten der griechischen Philosophie und Wissenschaft als

---

sie nicht an allen Orten seiner Schriften in der vollständig entwickelten Gestalt auftritt, welche sie zuletzt bei ihm annahm' (Gesch. der Phil. VIII, 35, 2). Auf Ibn Sina hat denn auch Munk (Mélanges 363, 2) ‚die bei allen arabischen Philosophen, bei den Scholastikern und bei einigen neueren Philosophen anzutreffende Eintheilung der Seelenkräfte' zurückgeführt, vrgl. auch Ritter a. a. O. Die Darstellungen bei Cassel (a. a. O.) und Scheyer (das psychologische System des Maimonides S. 11, besonders am Schlusse von Anm. 1) sind im Ganzen wie in vielen Einzelheiten hiernach zu berichtigen.

[1] Bachjas Eintheilung der Seelenkräfte findet sich I, c. 10; S. 82: והחושים הנפשיים אשר הם הזכרון והמחשבה והרעיון והמם וההכרה oder, wie die Termini nach dem Oxforder Original lauten: الحواس النفسانية التي هى الذكر والفكر والخاطر والظن والتمييز. (Fol. 82 der Hdsch.) Diese Terminologie stimmt weder mit der Ibn Sinas, noch mit der Alfarabis, noch auch mit der der lauteren Brüder überein, die nach (Dieterici, Anthropologie S. 38; vrgl. auch S. 56 und Diet. Weltseele S. 46—47) folgende ist: ‚Die Seele hat fünf sinnliche (leibliche) und fünf andere übersinnliche Kräfte, deren Gang ein anderer ist als jener. Dies sind die vorstellende, denkende, redende, behaltende und bildende Kraft', oder im arabischen Wortlaut, den ich einer Mittheilung des Herrn Prof. Dieterici verdanke: القوى الخمسة الروحانية المتخيّلة المفكرة الناطقة الحافظة الصانعة. Aber nicht der Terminologie allein, sondern auch der Bedeutung und dem Inhalte von Bachjas Eintheilung fehlt es an jeder Aehnlichkeit mit den genannten, wie wir aus seiner Erörterung einzelner der von ihm angenommenen Seelenkräfte II, c. 5; S. 112—116 entnehmen können. Es hat eben vor der Eintheilung Ibn Sinas an einem klaren und bindenden Principe, nach dem die Seelenkräfte hätten geordnet werden können, vollständig gefehlt, weshalb bei verschiedenen Autoren vor Ibn Sina die Eintheilung eine verschiedene ist. Ein Ansatz zu physiologischer Localisirung der Seelenkräfte, die Munk (a. a. O. 364 Anm.) dem Ibn Sina zuerst zuschreibt, findet sich übrigens bereits bei den lauteren Brüdern (Anthr. S. 56).

durchaus im Einklange [1] mit den Lehren des Islâms darzustellen, der Orden der lauteren Brüder [2]. Um ihrem Zwecke zu genügen, legten sie das gesammte Wissen ihrer Zeit in einem Werke nieder, das mit vollem Rechte den Namen einer Encyclopädie der Wissenschaften [3] verdient. Originalität ist es am wenigsten, was man ihnen nachrühmen könnte und es scheint auf solche von ihnen auch gar nicht angelegt gewesen zu sein. Worauf es diesen frommen [4] Encyclopädisten vornehmlich ankam, das war lediglich die verständliche und leichtfassliche Darstellung, mit Einem Worte die Popularisirung der Wissenschaft, durch die den Frommen Erleuchtung, den Ketzern aber der Beweis ge-

---

[1] Für diese von Munk (Mélanges 329) aufgestellte Ansicht spricht das Werk der lauteren Brüder selber.

[2] اخوان الصفا. Dass sie nicht allein einen zur Herausgabe eines Werkes vereinigten Gelehrtenverein, sondern vielmehr eine Gesellschaft, einen Orden bildeten, der um gewisse Principien seine Mitglieder schaarte, wenn sie auch kaum ‚ein Freimaurerorden des XI. (?) Jahrhunderts' (Hebr. Bibl. II, 91) gewesen, geht aus Andeutungen ihres Werkes (z. B. Dieterici, Naturanschauung S. 23) selbst hervor. Vrgl. Sâdi's Gulistân II, 15.

[3] Von diesem Werke اخوان الصفا رسائل, dessen grössten Theil Hr. Prof. Dieterici durch seine Uebersetzungen der Wissenschaft zugänglich gemacht hat, gibt es verschiedene Recensionen, vrgl Haneberg in den Sitzungsberichten der k. baier. Akademie der Wissenschaften 1866 II, Heft II. Für diese Abhandlung sind benützt die folgenden Uebersetzungen Dietericis: Die Naturanschauung und Naturphilosophie der Araber im X. Jahrhundert, Berlin 1861; die Anthropologie der Araber im X. Jahrhundert, Leipzig 1871; die Lehre von der Weltseele bei den Arabern im X. Jahrhundert, Leipzig 1872.

[4] Sie scheinen zwischen den beiden Parteien, in welche die Schulen des Islâms zu jener Zeit gespalten waren, den Mu'taziliten und Mutakallimûn, eine vermittelnde Stellung eingenommen und zu keiner derselben entschieden sich bekannt zu haben, denn sie polemisiren gegen beide, gegen jene z. B. Dieterici, Logik und Psychologie der Araber im X. Jahrhundert S. 58, gegen diese, denen sie es zum Vorwurf machen, dass sie ohne Vorbereitung in den propädeutischen Wissenschaften unmittelbar ‚ins Meer der Metaphysik tauchen' (Haneberg a. a O. S. 92 und Steinschneider, Hebr. Bibl. IX, 170). Sie sind also nicht Mu'taziliten gewesen, wie Schmölders (Essai S. 200 Anm.) annimmt, wenn sie auch mehr einer freisinnigen Richtung scheinen zugeneigt gewesen zu sein, was man vielleicht schon aus dem Mangel ausführlicher historischer Angaben über sie bei den fanatischen Arabern schliessen kann. Den Fluch aller Vermittlerrollen, den Undank beider Parteien haben auch sie tragen müssen.

bracht werden sollte, dass die Wissenschaft durchaus nicht zum Unglauben hinführen müsse. Daher auf der einen Seite Frömmelei, auf der anderen entschiedene Hochstellung der Philosophie in ihren Abhandlungen, daher durchbricht bei ihnen die trockenste Aufzählung wissenschaftlicher Begriffe oder Bezeichnungen oft ein salbungsvoller Ton, eine saftvoll überquellende Aeusserung jener Denkungsart, die im Grössten wie im Kleinsten zur Bewunderung der göttlichen Allmacht und Allweisheit Gelegenheit findet. Der Hauptsitz der Gesellschaft, deren Entstehung wohl in die zweite Hälfte des zehnten Jahrhunderts zu setzen ist, scheint Baṣra gewesen zu sein, doch verbreitete sich ihr Werk durch den Orient [1] und scheint auch sehr bald nach Spanien [2] gedrungen zu sein. Wenn es wahr ist, dass an dem Zustandekommen der Encyclopädie auch Juden betheiligt [3] waren, so hat sie das, was sie jenen verdankte, an ihren spanischen Brüdern reichlich heimgezahlt. Denn den Juden [4] in Spanien scheint dieses Werk bald eine Quelle der

---

[1] Nach den Aeusserungen Gazzalis im منقذ ço und ço, in Schmölders Essai 42 und 53 waren ihre Abhandlungen zu seiner Zeit im Orient sehr gebräuchlich. Die Ausfälle, die er gegen ihre unter der gleissnerischen Maske frommer Darstellung einhergehenden ketzerischen Lehren und den Charakter ihres Werkes, das nur eine philosophische Compilation sei وهو فى التحقيق حشو الفلسفة, machte, haben übrigens diesen Philosophen nicht daran gehindert, ihre Schriften zu benützen oder gar zu plagiiren, wie Steinschneider (zur pseudoepigraphischen Literatur S. 36 Anm.; Hebr. Bibl. IV, 11) nachgewiesen hat.

[2] Vrgl. die Nachweise hierüber bei Haneberg (a. a. O. S. 90), Flügel (Ztsch. der d. m. Gesellschaft XIII, S. 25). Wohl hierauf gestützt, behauptet Dieterici: „Schon früh im 11. Jahrhundert werden diese Abhandlungen der lautern Brüdern nach Spanien verpflanzt und werden sie von diesem Culturlande des Mittelalters aus das Gemeingut der gebildeten Welt" (Weltseele, S. XI). Vrgl. Steinschneider, zur ps. Lit. S. 73—74.

[3] Auf diesen Punkt hat Steinschneider bereits in Jüd. Lit. S. 397, 1 aufmerksam gemacht und unter neuen Verstärkungen seiner Vermuthung hingewiesen Hebr. Bibl. IV, S. 11. Anm. 1.

[4] Haneberg hat in der angeführten Abhandlung „über das Verhältniss von Ibn Gabirol zu der Encyclopädie der Ichwân uç çafâ' einen Einfluss der letzteren auf Gabirol nachzuweisen gesucht (S. 89 ff.). Jedoch ist dieser Einfluss noch zweifelhaft und selbst wenn er sicher wäre, so dürfte doch die Einwirkung der lauteren Brüder auf Bachja der Zeit nach früher sein. Jedenfalls wird es aus dieser Erörterung sich ergeben, dass

Belehrung geworden zu sein, aus der sie schöpften und sich
angeregt fühlten zu neuen Leistungen. Sie ist es denn auch,
die Bachja benützt hat und ihre Urheber, die lauteren Brüder
scheinen ‚die Philosophen‘[1] zu sein, deren Aussprüche er neben

---

bereits in der ersten Hälfte des eilften Jahrhunderts und nicht erst des
zwölften, wie Steinschneider (Jew. Lit. S. 174 und 349) angibt, der Einfluss
der Encyclopädie auf die Juden Spaniens sich geltend machte. Vrgl. auch
Steinschneider, Ztsch. der d. m. Ges. XX, 432 und Hebr. Bibl. II, S. 92.

[1] הפילוסופים werden die lauteren Brüder auch bei Moses ben Esra (Zion
II, S. 120, wo die mit עוד אמר אחד מן הפילוסופים eingeleitete Aufführung
den l. B. angehört, bei Dieterici, Anthropologie S. 1) und Josef ibn
Zadik (Mikrokosmos ed. Jellinek S. 19, wo die Aeusserungen der l. B.
[a. a. O. S. 59] entlehnt sind) genannt, welche beide bereits Steinschneider
als von der Encyclopädie beeinflusst (Jew. Lit. p. 349) erkannt hat. Dass
die דברי הפילוסופים bei Bachja (Einleitung S. 29) von den lauteren
Brüdern herrühren, ist daher bei dem unläugbaren Einflusse, den sie auf
die ‚Herzenspflichten' geübt haben, sehr wahrscheinlich. Dieser Einfluss
gibt einmal im Ganzen, ferner aber auch im Einzelnen sich zu erkennen.
Im Ganzen, denn Haltung und Darstellung des Buches ist durch jene
bestimmt. Es ist dieselbe rednerische Art in beiden, die oft uns das
Buch vergessen lässt, da sie unmittelbar sich an die Seele wendet, als
ständen wir vor ihr als Hörer, es ist dieselbe lebendige Schreibweise, die
durch eingestreute, meist aufische Sprüche und Anekdoten und apostro-
phirende Unterbrechungen das Ermüdende, die Eintönigkeit des Inhaltes
verringert, jene Art, die Gazzali das Gefährliche und Bestrickende an
den Büchern der lauteren Brüder nannte (a. a. O. S. 42). Im Einzelnen
sollen hier für die Abhängigkeit Bachjas von den lauteren Brüdern einige
Beispiele folgen. II, c. 5 bespricht er die Nothwendigkeit und die Mittel
der Selbsterkenntniss, ohne die es kein Erkennen der göttlichen Macht
und Weisheit geben könne וכבר אמרו קצת החכמים שהפילוסופיא היא ידיעת
האדם את עצמו (S. 105). Diese ganze Darlegung ist der der l. B. (Naturanschauung S. 21—22; 162) nachgebildet, die auch den Satz Kusseru:
‚Alle Wissenschaft beginnt damit, dass der Mensch sich selbst erkenne'
(Anthropologie S. 46) und (a. a. O. S. 47) in gleicher Weise diese Mittel
bezeichnen. התבונן אחי בחכמת הבורא בהרכבת גופך (S. 110) vergleicht
sich mit dem Satze der l. B.: ‚Wenn der vernünftige Denker über die
Zusammensetzung dieses Leibes nachdenkt, erkennt er, was für eine
sichere Weisheit im Bau desselben liegt' (ib. 123), wie sie denn auch
zu gleichem Zwecke (Weltseele 124) wie Bachja (S. 116) den Galenus
citiren. Wenn Bachja selbst in dem Blau des Himmels (S. 118) Gottes für-
sorgliche Weisheit erkennt ימן התימה שיהיה מראה מן המראים השמים מן המחוקים
so folgt er auch hier den l. B., die (Anthr. S. 24) äussern; ‚Gott der Erhabene hat das Blau des Himmels und das Grün der Pflanzen als ein Heil
für die Blicke der Creatur bestimmt. Denn diese beiden Farben stärken

den Sittenregeln und Lebensbräuchen der Asketen in seine Darstellung eingewebt zu haben angibt. Wie der ganze Cha-

unsere Augen'. Ueberhaupt ist es der Gesichtspunkt der l. B., unter dem auch Bachja die Natur betrachtet und überall die Allweisheit des Schöpfers bewundert, wie jene ihre Auseinandersetzungen über die Elemente (Naturanschauung S. 57) oder die Naturreiche (ib. S. 194) mit dem Ausruf: ‚So beschaue nun wohl die Weisheit des Schöpfers' unterbrechen und an die Darstellung der Astronomie Bemerkungen über die Plan- und Zweckmässigkeit alles Geschaffenen knüpfen. So zeigt auch die Anthropologie Bachjas III, c. 9 manche entscheidende Aehnlichkeiten mit der der l. B., wenn sie auch in manchen Einzelheiten von ihr abweicht. Wenigstens die Grundzüge des Vergleiches des Körpers mit dem Tempel sind ihnen entlehnt, wenn sich auch die Ausführung von der ihrigen unterscheidet. Schon die Beschreibung des Körpers als des Mikrokosmos ist in solcher Ausdehnung nur noch bei ihnen anzutreffen. ובחר. לך מסגולתיסודותיו היכל מתוקן דומה לעולם בשרשיו ותולדותיו ותבונתו (S. 179) findet seine Analogie bei den l. B.: ‚Demgemäss findet man für Alles, was in der sinnlichen Welt vorhanden ist, wie . . für die Ordnung der Elemente als Urmütter (בשרשיו), . . . die verschiedenen Gestaltungen der Pflanzen, den wunderbaren Bau der Creaturen (ותולדותיו) . . . Gleichnisse und Aehnlichkeiten in den Zuständen der Menschenseele, die den Körper mit ihren Kräften durchdringt' (Anthr. S. 41). ‚Die Fügung des menschlichen Körpers ist aber der Fügung der Sphären ähnlich' (ותכונתו) heisst es a. a. O. S. 47, vrgl. auch Haneberg a. a. O. 95—96. II, c. 5; S. 109 bestimmt Bachja die Functionen des Magens und der Leber והאסטומכא לבשל, והכבד לוקק המזון und auch von den l. B. wird a. a. O. S. 13 ‚das Festhalten, Kochen und Reifen' der Speisen dem Magen, das zweite Kochen, Reinigen und Reifen des Speisesafts aber der Leber (ib. S. 14) zugewiesen. Bachja (S. 110) weist darauf hin, wie die schlechten Stoffe abgeführt und nicht zur Verbreitung im Körper zugelassen werden. Auch bei den l. B. (a. a. O. S. 14) wird dies bemerkt und mit ‚der Arbeit von Strassenfegern' verglichen. Diese Einzelheiten lassen sich noch vermehren. Die Aufforderung Bachjas VIII, c. 3, Nr. 23; S. 380, durch Gewohnheit sich nicht von der Bewunderung der göttlichen Werke abziehen zu lassen, ist deutlich der Ausführung der l. B. (Naturanschauung S. 202) entlehnt, die auch Moses ben Esra (Zion II, 136) ihnen wörtlich entnommen hat (ib. 201, 202). Die Lehre Bachjas von der Enthaltsamkeit, die nur auf das Unentbehrliche sich einschränkt, findet sich bei den l. B. (Naturansch. S. 19), wie auch eine andere Aeusserung Bachjas in demselben Capitel (IX, c. 2; 405), die die Frommen ‚die Aerzte der Seelen' nennt, von jenen herstammt (a. a. O. S. 151). Auch in der Verwerfung strenger Askese und der Empfehlung eines Gleichgewichts und des am meisten religiösen Mittelweges (a. a O. S. 407) folgt Bachja den l. B. (a. a. O. 133—134). Vrgl. auch das am Schlusse des IX. Buches angeführte Testament mit der Aeusserung der l. B. (Anthro-

rakter, die Grundstimmung sowohl wie die Darstellungsweise
der ‚Herzenspflichten' den Einfluss der lauteren Brüder verräth,
so erweist sich oft in charakteristischen Einzelheiten eine Verwandtschaft zwischen Bachjas und ihren Anschauungen.
Fassen wir kurz die Ergebnisse dieser Wahrnehmungen
zusammen, so stellt sich Folgendes heraus. Bachja kennt die
Bücher Ibn Ganâchs, scheint von Gabirol benützt worden zu
sein, benützt selber in ausgedehnter Weise die Encyclopädie
der lauteren Brüder und scheint Ibn Sinas Werke noch nicht
zu kennen. Bedenkt man nun, dass Ibn Ganâch und Gabirol
in Saragossa lebten, dass die Abhandlungen der lauteren Brüder
in Saragossa zuerst [1] bekannt wurden, dass der Name Bachjas
auf diese Heimath hinzuweisen scheint und zieht man ferner
in Erwägung, dass Bachja kaum lange nach Ibn Sinas Tode,
also nach 1039 geschrieben haben könne und dass ein freilich
sonst nicht weiter beglaubigtes Datum die Abfassungszeit der
‚Herzenspflichten' in das Jahr 1040 versetzt, so wird wenigstens
ein genügender Grad von Wahrscheinlichkeit der Behauptung
zugestanden werden können: Bachja hat um das Jahr 1040 in
Saragossa [2] geschrieben.

pologie S 221). Einzelne Ausdrücke bei Bachja sind von der Encyclopädie herübergenommen, so z. B. שינה הפתיות (Einleitung S. 24) = ‚Schlaf
der Bethörung', einem bei den I B. (z. B. Naturansch. S. 65; 162) häufig
wiederkehrenden Terminus, oder: כשלבו שכור בין אהבת העולם (ib. S. 31)
= ‚er trank von der Weltliebe . . ., dann ward er trunken vom Wein
der Begierde' (Weltseele S. 114). Ueber ähnliche aus der Encyclopädie
in die jüdische Literatur eingedrungene Ausdrücke, s. Hebr. Bibl. 1873, 12. ff.

[1] Wie dies Haneberg (a. a. O. S. 90) nachgewiesen und ausführlicher dar-
gelegt hat.

[2] Jekutiel Alhassan hatte um 1038 bereits Gabirol von Malaga nach Saragossa gezogen, wo auch Ibn Ganâch bereits seit 1013 sich aufhielt, seitdem er von Cordova hatte wegziehen müssen (Grätz, Geschichte VI², S. 21
und 29). Ibn Ganâch, der 995 geboren sein soll, mochte gar wohl bereits
um 1040 ein berühmter Mann sein oder Bachja als Saragossaner konnte
früher die Bekanntschaft seiner Schriften machen. So konnte aber auch
sehr wohl Gabirol die zehn Tugendpaare Bachjas für sein 1045 verfasstes
moralphilosophisches Werk benützen, da die Abfassung der ‚Herzenspflichten' früher stattgefunden hatte und ihm als dem Landsmanne Bachjas
sein Werk schneller bekannt werden konnte. Nun sagt zwar Ibn Gabirol
ausdrücklich, dass er seine eigenen Gedanken in dem Werke niedergelegt
habe: והאלקים יודע כי לא נתחברתי בחבור הספר הזה בזולתי רעיוני

In dieser Annahme kann uns auch die Thatsache nicht stören, dass es in dem Werke Bachja's manche Stellen gibt, die mit Aeusserungen des 1058 geborenen Gazzali eine entschiedene Aehnlichkeit[1] zeigen. Denn diese Aehnlichkeiten sind

(n. a. O. S. 6. b.) ובכתיבתי בו נסמכתי ולא בבלתי מחשבתי, er sagt aber auch, dass er andere Schriften benützt habe und nicht zur Anführung von Gnomen allein: וראינו שנביא אחרי כן מעם מוער מחיבורי החכמים ומיליהם ולחבר אליהם ממה שחברו אנשי המוסר בדרווים מה שיורמן לנו מן חידות (n. a. O. S. b) החכמה כדי שיהיו כפרינו וה שלם בכל ענינו. Dass aber Bachja nach Gabirol geschrieben habe, weil er nach der Pariser Handschrift Ibn Ǵanâch bereits als verstorben anführt, darf man hieraus schon darum nicht folgern, weil die Oxforder Handschrift die Anführung Ibn Ǵanâch's gar nicht, unsere Ausgaben aber wohl den Namen Ibn Ǵanâch's, aber ohne die bei der Nennung eines Todten übliche Formel: ז"ל haben und weil ferner das Todesjahr Ibn Ǵanâch's unbekannt ist.

[1] Eine sehr frappante Aehnlichkeit zwischen beiden ist es, dass beide vom öffentlichen Hervortreten darum sich nicht, wie sie gerne möchten, abhalten lassen, weil sie Trägheit und egoistische Motive dabei im Spiele glauben. ובאשר ומותי להסיר משא הבורח הוה מעלי ולהניח לי מחברו שבתי וחשרתי את נפשי על ברדה במנוחה ולשכון במעון העצלה בהשקט ובבטחה וראתי שיהיה רצח האאוה להגיח המחשבה הואת ושהוא יפני אל דרך המנוחה והשלוה ולהסביב על ההנדה ולשבת במושב העצלות sagt Bachja in der Einleitung S. 25 und Gazzali فلا ينبغي ان يكون باعثك على ملازمة العزلة الكسل والاستراحة وطلب عزل النفس وصونها عن اذى الخلق p. ۵۴ منقذ), nach Schmölders (Essai S. 75): il ne convient pas, que la paresse, le repos, le soin de vivre éloigné et à l'abri des tracasseries humaines soient le motif qui t'engage à rester dans la retraite. Dass diese Aehnlichkeit aber keine Abhängigkeit begründe, braucht nicht erst erwiesen zu werden. Wie Bachja gegen die einseitige Beschäftigung mit der Gesetzeskunde seine ‚Herzenspflichten' richtete (Einleitung S. 14) und in gereiztem Tone von dem Talmudstudium seiner Zeit spricht (III, c. 4; S. 151), so schrieb aus Opposition gegen eine zu weit getriebene Casuistik auch Gazzali seine ‚Wiederbelebung der Religionswissenschaften' احياء علوم الدين. ‚Die Gelehrten, sagt er, kannten kein anderes Wissen als das von Rechtsentscheidungen, welche der Richter zu Hilfe nehmen könne, um Streitigkeiten des Lumpenpacks zu schlichten, — als Dialektik und Rhetorik; die Wissenschaft aber vom Wege des künftigen Lebens, die Weisheit der Vorfahren sei gänzlich in Vergessenheit gerathen: und da die Sache wichtig und der Gegenstand verwickelt, so habe er beschlossen, dieses Buch zu schreiben' (Hitzig: Ueber Gazzalis Ihjâ in der Ztsch. der d. m. Ges. VII, S. 173). ‚Die Stifter der Schulen hätten sich mit den Erkenntnissen des Innern

zumeist von der Art, dass sie von der bei beiden Männern gleichen Grundstimmung eines innigfrommen Gemüthes können hervorgetrieben worden sein und durchaus nicht auf eine Abhängigkeit des einen von dem anderen müssen schliessen lassen.

Aristoteles und der Kalâm waren bisher dasjenige, was man gewöhnlich als die Quellen von Bachja's Philosophie bezeichnete, in Wahrheit sind sie es gerade am Wenigsten. Er führt zwar wiederholentlich den Aristoteles an, aber meist sind die angeführten Aussprüche im Aristoteles selber gar nicht nachzuweisen und wohl aus pseudoaristotelischen Schriften entnommen, von einer genauen Kenntniss der peripatetischen

علوم القلوب beschäftigt und mit dem Wissen nur die Richtung auf Gott gesucht . ., während ihre Nachfolger nur Eins mit ihnen gemein haben: die rüstige und eifrige Entwicklung der Folgesätze der Rechtswissenschaft التشمير والمبالغة فى تفاريع الفقه ' (a. a. O. S. 174). Auch hier ist es wieder nur der in beiden Männern schaffende sittlich-religiöse Eifer, der gegen jede Verknöcherung und Erstarrung in der Religion und ihren Bekennern kräftig sich auflehnt. Die vierte Section des Werkes, das Viertel von den heilbringenden Dingen ربع المنجيات umfasst folgende Bücher: 1. Von der Busse. 2. Geduld und Dank. 3. Furcht und Hoffnung 4. Armuth und Enthaltsamkeit. 5. Bekenntniss der Einheit Gottes und Vertrauen auf ihn. 6. Liebe, Sehnsucht und Zufriedenheit. 7. Güte der Gesinnung, Wahrhaftigkeit, Aufrichtigkeit. 8. Beobachtung und Controlle seiner selbst المراقبة والمحاسبة 9. Nachsinnen. 10. Denken an den Tod (a. a. O. S. 175). Wiewohl die Anklänge in Bachjas Eintheilung seines Buches an diese klar zu Tage treten, so überwiegen die Verschiedenheiten hier dennoch. Rein äusserlich ist es, wenn für Bachjas Beweise מן הכתוב המקובל והמושכל auch bei Gazzali dieselbe Methode der Erörterung sich findet: ‚Aussprüche Mohammeds اخبار, die auf die dicta probantia des Quoran folgen, dann die Aussprüche der Gefährten und späteren Lehrer des Islam آثار, endlich die rationellen Belege شواهد عقلية ' (S.175). Sachs (die rel. Poesie S. 274, 2) verweist auf ‚manche Parallelen' in Gazzalis O! Kind (ed. Hammer-Purgstall, Wien 1838), doch konnte ich ausser der Warnung vor der Rechtswissenschaft, die in der Ihjâ schärfer hervortritt, nichts mit Bachja entschieden Aehnliches finden, vrgl. daselbst S. 49. Dass Gazzalis Werke in Spanien verboten und verbrannt wurden, s. bei Dozy, histoire des Musulmans d'Espagne IV, 254.

Philosophie zeigt sich so wenig [1] eine sichere Spur, dass man kaum mit Gewissheit zu behaupten vermag, Bachja habe aus dem Aristoteles selbst geschöpft. Jedenfalls waren es neuplatonische Commentare, die ihm den wahren Sinn des Stagiriten verdunkelten, wie er denn überhaupt vornehmlich neuplatonische Werke benützt zu haben scheint, und von ihren Lehren sich stark beeinflusst zeigt.

Eine ähnliche Bewandtniss hat es mit seiner Kenntniss des Kalâms. Ob er diesen aus den Werken der Araber kennen gelernt hat, es kann nicht mit Sicherheit behauptet werden, vielmehr scheint er nur die gewöhnliche Methode desselben angenommen und selbst diese nur aus jüdischen religionsphilosophischen Schriften erfahren zu haben. Seiner Darstellung fehlt die echtkalamistische Färbung, eine deutliche Beziehung auf arabische Schulstreitigkeiten ist bei ihm nicht anzutreffen, die Entfernung von Basra und von Bagdad prägt sich auch in dem Charakter seiner Philosophie aus.

Bachja als Philosoph.

Schon in seiner Eintheilung [2] der Wissenschaften erweist sich Bachja als Anhänger der Philosophie, der zwar überzeugt,

---

[1] Munks gegentheilige Behauptung (Mélanges 483) lässt sich aus Bachjas Philosophie nicht bestätigen.

[2] In der Einleitung zu den ‚Herzenspflichten‘ gibt Bachja eine Aufzählung der drei ‚Zugänge für die Lehre und das Leben‘, der drei Theile der Wissenschaften. 1. العلم الطبعى die Naturwissenschaft. 2. العلم الرياضى die propädeutischen Wissenschaften. 3. العلم الالهى die theologischen Wissenschaften oder die Metaphysik. Diese Voranstellung der Naturwissenschaften ist ein Kriterium dafür, dass ihr Urheber zu den Philosophen hinüberneigte (vrgl. Hebr. Bibl. X, 72, 73), wie sie denn auch den Standpunkt der freisinnigeren Richtung unter den Arabern gegen die orthodoxe kennzeichnet. Die Mutakallimûn und ihnen folgend die Karäer, wie auch die frommen Philosophen der Araber stellen die Theologie an die Spitze der Wissenschaften, weshalb es von ihren Gegnern ihnen vorgeworfen wurde, dass sie ohne alle Vorbereitung gleich in metaphysische Probleme sich hineinwagen (Haneberg a. a. O. S. 92). Dass die Karäer ‚ohne Vorstufe die Metaphysik ersteigen‘, lehrt uns Jehuda Halewi, wenn

dass sie im letzten Grunde über die höchsten Wahrheiten uns
nichts lehren könne, dennoch die Beschäftigung mit ihr zur
Befestigung der religiösen Ueberzeugung für unerlässlich erachtet.
Der Charakter seiner Religionsphilosophie ist ein eklektischer. Es ist kein geschlossenes System neuer Gedanken,
was in seinem Werke uns entgegentritt, darauf hat er es gar
nicht abgesehen, aber auch kein Mengsel von allen Orten zusammengelesener Gedanken wird darin uns geboten, es ist vielmehr der Eklekticismus eines mit Wahl und Prüfung verfahrenden
Denkers, der darin zum Vorschein kommt. Aengstliches Anklammern an fremde Gedanken, blinde, wahllose Benützung
seiner Quellen begegnet bei ihm uns nirgends. Die Gedanken,
die er von andersher entlehnt, sind sein geistiges Eigenthum
geworden, er hat sie verarbeitet, eine selbstständige Fassung
ihnen gegeben, in eigenthümlicher Färbung sie verwerthet, sie

er sagt (Kusari ed. Cassel V, 2; S. 372): לא אנהג בך על דרך הקראים אשר
עלו אל החכמה האלהית מבלי מדרגה, vrgl. Hebr. Bibl. IX, 170. In der
That stellt auch der Karäer Nissim ben Noach die Metaphysik als erste,
als Anfang der Wissenschaften (Pinsker, Likkute Kadmon. Beilage S. 9).
Und auch Mokammez stellt sie an die Spitze seiner Eintheilung mit den
Worten: והמדע נהלק לשלש מעלות המעלה הראשונה המדע העליון הנקרא המדע
האלהי (Orient 1847 Lb. 620), wofür schon Steinschneider (Ersch und
Gruber: Jüd. Lit. S. 397 Anm. 3) den Grund in seinem angeblichen
Karäerthum gesucht hat. Dass der orthodoxe Standpunkt eines Philosophen bei den Arabern Einfluss auf seine Eintheilung der Wissenschaften
hatte, sehen wir an Gazzali, der genau die Eintheilung des Mokammez
annimmt (Schmölders, Essai S. 222). Auch Schahrastani (H. II, 78) ordnet
die von den älteren griechischen Philosophen behandelten Wissenschaften
in derselben Weise, wo übrigens dieselbe Terminologie wie bei Bachja
für dieselben gebraucht ist. Nach philosophischem Standpunkt steht
die Metaphysik gewöhnlich am Schlusse der Eintheilung. So bei den
lauteren Brüdern, die unter den Dingen, die eine Dreiheit ausmachen, die
Wissenschaften aufzählen: „die drei Wissenschaften Propädeutik, Natur-
und Religionswissenschaft" (Weltseele S. 2). Nach der gleichen Eintheilung
will Jehuda Halewi die Wissenschaften behandelt sehen (a. a. O.) und
auch Abraham ibn Daud nennt sie in folgender Ordnung الرياضيات
والطبعيات والالاهيات = החכמת הלמוריות והטבעיות והאלהיות
(Emunah ramah ed. Weil p. 58). Die Angabe Bachjas über den Inhalt
der Naturwissenschaften ומקריהן הנוסות טבעי חכמת והיא stimmt mit der
der lauteren Brüder überein: „Gegenstand der Naturwissenschaft sind die
Körper und das, was an festhaftenden oder trennbaren Accidenzen den-

bilden kein buntes, zusammenhangsloses Mosaik,[1] sondern ein organisch verwachsenes Ganzes. Mit welch' kritischer Sichtung er in der Ausnützung seiner Quellen verfahren ist, können wir noch aus einigen sehr entscheidenden Beispielen entnehmen. Der Mittelpunkt seiner ganzen Theologie, seine Lehre von der Einheit Gottes, mit der er eine noch gar nicht genug gewürdigte Fortentwickelung des jüdischen Gottesbegriffs begründete, ist neuplatonisch. Es ist kein Zweifel, dass Bachja zu dieser Lehre in ihrer ganzen Grösse und Schroffheit aus neuplatonischen, unter den Arabern vielfach[2] verbreiteten Werken gelangt sein müsse, wie es auch an Anhaltspunkten für seine Benutzung neupythagoreischer[3] Lehren nicht fehlt. Bedenkt man nun, aus welchem Wuste mystischer Vor-

---

selben zustösst' (Naturanschauung S. 17). Für die Propädeutik führt Bachja neben רכמת הסמוש den Namen הכמת המוסר an. Schmiedl (Frankels Mtsch. 1861, S. 186) nimmt an, dass dieser Ausdruck wie die ganze Eintheilung überhaupt dem Nissim ben Noach entlehnt sei. Dass die Eintheilung bei Bachja eine wesentlich verschiedene sei, ist bereits gezeigt worden. Der Ausdruck הכמת המוסר dürfte aber, wenn überhaupt eine Entlehnung desselben anzunehmen ist, aus dem Mokammez entlehnt sein, bei dem sie in der bereits erwähnten Eintheilung der Wissenschaften sich findet, die, wie ich vermuthe, die Einleitung des Buches Mokammez ausgemacht hat. Es heisst da (a. a. O. S. 620): המעלה האמצעית חכמת המוסר והשכל המאמצת דעות בני אדם והמנהגת להם דרך הביה. Wenn die Definition dieses Ausdrucks hier so lautet, als ob er Ethik bedeutete, so haben wir es möglicherweise mit einer vom Epitomator herrührenden, die Bedeutung von מוסר verkennenden Glosse zu thun. Auch bei Jehuda Halewi finden wir die Bezeichnung מוסריות (Kusari III, 39; S. 256) und הדברים המוסריים (V, 12; S. 392), was Cassel fälschlich „die ethischen Wahrheiten" übersetzt. Derselbe Begriff wird auch durch: הכמת ההרגלית ausgedrückt (Kusari V, 14; S. 400). Vrgl. Dukes, Philosophisches aus dem X. Jahrhundert S. 13, Anm. 4, Steinschneider Al-Farabi S. 32, Anm. 32. Auch wird Propädeutik durch חכמת הלמודים wiedergegeben, wie bei Mose ben Nachman (Dissertation, ed. Jellinek S. 20), wo auch eine Aufzählung der in derselben enthaltenen Wissenschaften sich findet.

[1] Wie dies z. B. in dem ערוגת הבושם Moses ben Esras der Fall gewesen zu sein scheint, soweit wir nämlich nach den durch Dukes bekannt gewordenen Fragmenten (Zion II, 117 ff.) urtheilen können.

[2] Vrgl. hierüber Munks Nachweisungen (Mélanges 240, 241) und Schmölders (Essai p. 90).

[3] Näheres hierüber wird im Laufe der Darstellung angegeben werden. Ueber den neupythagoreischen Ursprung der Lehre von der Eins als der Gottheit, s. Zellers Bemerkungen (Phil. der Gr. I², 260, 267).

stellungen, spielender Zahlenweisheit, emanatistischer Begriffe
diese Lehre von der Einheit Gottes in der Reinheit, in der
wir sie bei Bachja finden, hervorgeholt werden musste und
dass es ihm gelungen ist, sie frei von allem entstellenden Bei-
werk herauszulösen, so werden wir der geistigen Kraft des
Mannes nur Achtung entgegenbringen können. Er hat selbst
jener Lehre, die in der neuplatonischen Philosophie eine so
wichtige [1] Rolle spielt, früh [2] von den Arabern angenommen
wurde und auch in Spanien bald zu grosser [3] Verbreitung ge-
langte, zu widerstehen [4] vermocht, man findet von der Lehre
der Emanation bei ihm fast [5] keine Spur.

[1] Vrgl. hierüber Zellers Auffassung von der Rolle der Emanation bei Plotin (a. a. O. III², 2, S. 441 ff.)

[2] Wie sehr Alfarabi von der neuplatonischen Emanationslehre erfüllt ist, zeigen seine Aeusserungen in den fontes quaestionum c. VI ff. bei Schmölders Documenta (47, 48; 94--99), vrgl. Ritter (a. a. O. S. 8). Aber auch noch bei dem strengen Aristoteliker Ibn Sina sehen wir die Lehre von der Emanation eine sehr wichtige Stelle einnehmen, s. Ritter (ib. S. 22, 23).

[3] Mit Recht schliesst Munk aus der Rolle, welche die Emanation in der Lehre Gabirols spielt, ohne dass dieser darum Veranlassung findet, auf eine Darlegung und Begründung derselben einzugehen, vielmehr wie etwas allgemein Bekanntes sie voraussetzt, auf die ausgedehnte Verbreitung derselben in Spanien (Mélanges 260). Cette philosophie devait être alors en vogue chez les Arabes ou chez les Juifs d'Espagne (a. a. O.).

[4] Es ist, selbst philosophisch betrachtet, keine Inconsequenz oder Schwäche Bachjas, trotz seiner Lehre von der göttlichen Einheit die Emanation nicht angenommen zu haben. War es ja doch nur eine, man möchte sagen, willkürliche Ueberschwenglichkeit des Neuplatonismus, jenen Be-
griff, der doch einmal nur auf dem Wege der Causalität gefunden werden kann, über alle Causalität hinauszuheben oder, nach Zellers Ausdruck (Phil. der Gr. III², 2. 427) schon von vornherein die Transscendenz des Uranfänglichen vorauszusetzen. Bachja konnte darum gar wohl von der Weltschöpfung aus dem Begriff Gottes herleiten und dabei dennoch in neuplatonischer Weise die Transscendenz desselben entwickeln. Dass es aber nicht etwa ein religiöser Grund gewesen sein müsse, der ihn von der Emanationslehre Abstand nehmen liess, kann das Beispiel Gabirols beweisen, der die Emanation in ausgedehntester Weise lehrt.

[5] Eine Spur emanatistischer Vorstellungen scheint sich in der Psychologie Bachjas zu finden. So sagt er III c. 2; S. 136: השכל הוא עצם רוחני נגזר מן העולם העליון הרוחני והוא נכרי בעולם הגוף הגסים. Jedoch ist die Stelle für die Behauptung, Bachja habe die Emanation angenommen, nicht entscheidend, be-

Die gleiche Wahrnehmung können wir auch an dem Verhalten Bachja's zur Encyclopädie der lauteren Brüder machen. Auch hier hat die fleissige Benutzung ihrer Abhandlungen ihn durchaus nicht dazu gebracht, alle ihre Anschauungen zu den seinigen zu machen, er verfährt vielmehr mit Vorsicht und kritischer Wahl. So viel Raum daher auch jene der Darstellung ihrer Lehren von Satanen und bösen Geistern, ihrer Engellehre und astrologischen Begriffe gewidmet haben, Bachja hat es verstanden, sein Werk von allem diesen vollständig freizuhalten.

So hat denn Bachja die von mancher Seite an ihn herantretende Gefahr, seine „Anleitung¹ zu den Herzenspflichten‛

---

sonders wenn man sie mit anderen Aeusserungen Bachjas über das Wesen der Seele zusammenstellt, aus denen keine Spur emanatistischer Vorstellungen sich nachweisen lässt. Dass er die Seele für ein lichtes, engelgleiches Wesen hält, kann für diese Frage gar nichts beweisen. II, c. 5; S. 107 sagt Bachja: עצם רוחני אוירי דומה לרוחניות האישים העליונים וזה העצם הוא :אשר קשרם בו באמצעים ראויים לשתי הקצוות יהם רוח החיים והחום הטבעי והדם והגידים והעצמים העורקים, eine Stelle übrigens, zu deren Aeusserung über die Vermittler zwischen Leib und Seele eine merkwürdige Parallele sich bei Gabirol findet, wenn diesem wirklich der von Gundisalvi übersetzte Tractat von der Seele angehört: simplex autem non potest conjungi spisso sine medio quod habet similitudinem cum extremis. Item, anima non apprehendit sensibilia per se nisi mediante spiritu, qui est substantia sentiens consimilis utrisque extremis et est media inter corporeitatem sensibilium et spiritualitatem animae rationalis (Munk, Mélanges 172). Dass an dieser Stelle אוירי : אירי eine lichtartige Substanz bedeutet, hat J. Levinsohn in der Schrift כיום יאיר (Berlin, 1865, S. 396) nach dem arabischen Original نوراني festgestellt. Aus Stellen, wie IV, c. 4; S. 234: שתשיב הנפש כצורת המלאכים. X, c. 1; S. 430: הנפש עצם פשיט רוחני נוטה אל הרומה לה מראשים הרוחניים und IX, c. 3; S. 408: עמדו על צורת נשיון הארם בעולם הזה ומאסרו בו וגרותו והנורחו מעולם הרוחניות scheint Bachjas Auffassung vom Wesen der Seele als einer engelgleichen Lichtsubstanz in der That sich zu ergeben. Doch liegt hierin nichts von Emanation. Auch Saadias (Emunoth VI. ed. Slucki. Leipzig S. 97) nennt die Seele: נקי כנקיות הגלגלים ותהיא מקבלת האור כאשר יקבל הגלגל ותהיה בו מאירה und auch Jehuda Halewi sagt von ihr (Kusari II, 26; S. 133): עצם נברר קרוב לעצם המלאכים und V, 12; S. 396: עצם עימר בעצמותו מיואר בהארי המלאכים והעצמים האלהים.

¹ Nach der Pariser Handschrift lautet der Titel des Buches: هداية الى فرايض القلوب والتنبيه على لوازم. Der arabische Auszug (Orient 1851 Lb. S. 737) des Werkes gibt den Titel anders an Doch

mit mystischen Elementen zu durchsetzen, glücklich überwunden.
Von welcher Wichtigkeit, von welch' culturgeschichtlicher Bedeutung diese Reinheit des Buches von allen mystischen Trübungen war, wird sofort in klares Licht gesetzt, wenn wir der Thatsache uns erinnern, dass es eines der volksthümlichsten jüdischen Bücher wurde, und durch eben diese seine Reinheit die Generationen vieler Jahrhunderte religiöse Erhebung und sittliche Läuterung aus ihm schöpfen konnten, wie aus ewigsprudelndem Quelle.

Bachja's Theologie.

In Bachja's ‚Anleitung zu den Herzenspflichten‘ durfte eine Darstellung seiner Lehre von Gott nicht fehlen. Wie im Neuplatonismus, so fliesst auch in den von neuplatonischen Ideen durchzogenen Systemen der Araber [1] leicht und ungezwungen aus der Weltanschauung die Ethik. [2] Vermöge ihrer göttlichen Abstammung ist die Seele, so lehren sie, befähigt und berufen, das Uebersinnliche zu erfassen, anzuschauen. Aber hineingesetzt in den Körper fühlt sie sich beschwert von der Last der Materie, gefesselt von den Banden der Leidenschaften aller Art und vermag nicht mehr das Absolute zu begreifen. Da ist es denn ihre Aufgabe, die Schranken der Körperlichkeit nach Kräften zu durchbrechen, die Fesseln der Sinnlichkeit so viel als möglich abzustreifen, um emporzudringen zur Anschauung ihres göttlichen Urquells. Hier wird die Philosophie im

---

scheint nach dem Ausdruck des Uebersetzers תורת חובות הלבבות كتاب الهداية الى فرايض القلوب der richtige Titel.

[1] Ueber die Kenntniss von den neuplatonischen Lehren und Anschauungen bei den Arabern wie über die Quellen, aus denen sie zu ihnen gelangten, vrgl. Munks Mélanges S. 240—242, 248, 261, Steinschneiders Al-Farabi S. 115, Anm. 50 und Schahr. deutsch von Haarbrücker II, 192—197; 429.

[2] Welch enger Zusammenhang zwischen Ethik und Metaphysik selbst bei Ibn Sina besteht, der unter den arabischen Peripatetikern von neuplatonischen Einflüssen sich so viel als möglich frei zu halten verstand, kann man aus der Darstellung seiner Lehren bei Schahrastani (II, II, 278, 279) deutlich erkennen. Vrgl. auch Ritter, Geschichte der Philosophie Bd. VIII, S. 44, 51 und 55.

strengsten Sinne praktisch, sie gewinnt einen ordnenden Einfluss auf das Leben. Das Werk eines Denkers von der bezeichneten Richtung, wie Bachja, das sich es vorsetzt, die Läuterung und Heiligung unserer Gesinnungen und Handlungen und deren Mittel zu behandeln, wird daher der Natur der Sache gemäss mit einer Darlegung unseres Verhältnisses zum Absoluten und seiner Unbegreifbarkeit durch unser Denken zu beginnen haben. Nicht ohne inneren Grund [1] oder gar zufällig [2] steht daher an der Spitze der ‚Herzenspflichten‘ Bachja's Theologie. [3]

---

[1] Wie Grätz (Geschichte VI², 45) und Schmiedl (Studien, S. 105) es darstellen, nach deren Ansicht die erste Pforte der ‚Herzenspflichten‘ nicht nothwendig aus der Anlage des Werkes hervorgegangen ist, sondern nur aus äusseren Beweggründen, wie ‚um der in seiner Zeit herrschenden Vorliebe für philosophische Untersuchungen sich nicht ganz zu entziehen‘, als ‚Tribut‘ an die ‚Zeitrichtung‘ von Bachja dem Werke einverleibt wurde.

[2] Wenn es nach der Aeusserung Bachjas (I, 1, S. 40, Z. 3 v. u.) den Anschein hat, als verdanke die Theologie ihre Voranstellung in dem Werke nur einer zufälligen Schriftdeutung, so muss man sich dabei erinnern, dass es seine Weise ist, auf dem Wege reinen Denkens gefundene Ergebnisse aus der Schrift nachzuweisen oder an eine Deutung anzulehnen.

[3] Ungenau und zu vielen leichteren und schwereren Missverständnissen Anlass gebend ist die bei allen Uebersetzern, selbst Munk nicht ausgeschlossen, gebräuchliche Uebersetzung des neuhebräischen Ausdruckes יחוד durch ‚Einheit Gottes‘. יחוד ist dem arabischen Kunstausdruck توحيد treu nachgebildet. Dieser aber bedeutete im Kreise der Mu'tazila das, was wir etwa Theologie im engeren Sinne nennen. Schahrastani schliesst seine Darstellung der von allen Mu'taziliten anerkannten, auf Gott bezüglichen Lehren und deren Ausgleichung mit der Schrift mit den Worten (I, 30): وسمّوا هذا النمط توحيدًا ‚sie nennen diese Art und Weise des Verfahrens das Einheitsbekenntniss‘ (Haarbrückers Uebers. I, 43). In diesem Namen für Theologie und Gottesglauben ist das Moment der Einheit darum so hervorgekehrt, weil es eine Hauptaufgabe der Mu'tazila war, neben der Einzigkeit Gottes seine Einfachheit innerhalb seiner Eigenschaften zu lehren und zu beweisen. In diesem Sinne nannten sie sich Anhänger des Einheitsbekenntnisses, vgl. Schahrastani H. I, 41 und in diesem Sinne schrieb bereits ihr Stifter, Wasil ibn Ata, ein Buch über das Einheitsbekenntniss, vgl. Kremer, Geschichte der herrschenden Ideen des Islâms S. 28. Darum heisst denn auch bei Joseph al-Baṣir die Gruppe der auf Gott bezüglichen Abschnitte seines Wurzelbuchs שערי היחוד, vgl. Frankl, ein mu'tazilitischer Kalâm S. 11, wie denn auch Saadias zweites Buch des Emunoth nicht, wie es bei uns heisst מאמר אחדות, sondern ספר היחוד (s. G. Polak's הליכות קדם S. 70) oder

Ein Werk, das in allen seinen Theilen die Forderung vorträgt, unser Denken und Handeln mit dem Gedanken an Gott zu durchdringen, ohne Auseinandersetzung über Gott, wäre ein Gebäude ohne Grundlage. Es ist Bachja's Art, zu Anfang einer jeden Pforte über Begriff und Wesen des in ihr behandelten Gegenstandes sich mit dem Leser auseinanderzusetzen. Wie hätte er da bei dem Gegenstande seines ganzen Werkes, bei Gott eine Begriffsbestimmung und eingehende Untersuchung unterlassen können? Es war eine aus dem Plane des Buches, das nach den Wurzeln der Herzenspflichten eingetheilt [1] und angelegt ist, nothwendig hervorgehende Forderung, die Wurzel dieser Wurzeln, den Gottesbegriff durch Beweise zu stärken und als Grundlage des Ganzen, so weit es möglich ist, sicher zu stellen.

Allerdings hätte Bachja sich dabei begnügen können, den Gottesbegriff so in sein Werk aufzunehmen, wie er den Meisten geläufig und von der Tradition überliefert wird. Er war aber von der Bedeutung der Erkenntniss für einen geläuterten Glauben viel zu sehr durchdrungen, als dass er bei dem wichtigsten Begriffe des Glaubens, bei Gott mit der ungeprüften und unbewiesenen Annahme unter Voraussetzung ihrer Wahrheit sich begnügt hätte. Wie nöthig er es fand, mit einer philosophischen Untersuchung über Gott sein Werk zu beginnen, zeigen seine bitteren Bemerkungen über die bei den meisten Gläubigen verbreiteten Arten des Gottesglaubens. Dieser besteht bei Vielen in einem blossen Nachsprechen, erhebt sich also nicht über die Stufe der Kinder und der Gedankenlosen (c. 2). Andere bekennen zwar Gott in Wort und Gedanken, sie verstehen zwar das, was die Ueberlieferung sie darüber gelehrt hat (c. 1), aber es ruht bei ihnen nur auf dem Vertrauen zu den Ueberliefernden, nicht auf dem unerschütterlichen Grunde vernünftiger Ueberzeugung. Sie gleichen den Blinden, die vertrauensvoll von einem Sehenden sich leiten lassen, dafür aber jeden Fall

---

[1] מאמר היחוד hiess, wie es im ersten Buche c. 4 (p. 13 a. ed. Berlin) genannt wird. Die Bedeutung von יחוד als ‚Gottesglaube' tritt, wie im ganzen ersten Buche des Choboth, besonders am Schlusse von c. 4 hervor.

[1] ספר שיהיה מתחלק על שרשי חובות הלבבות ומצות המצפונות sagt Bachja in der Einleitung (S. 24).

und Fehltritt desselben mitmachen müssen. Da es an Ueberzeugung ihnen mangelt, kann ihr Glaube durch gegnerische [1] Einwürfe leicht wankend gemacht werden. Und wieder gibt es Andere, bei denen der Glaube an Gott auf Erkenntniss und Ueberzeugung beruht, aber ihnen fehlt der klare Begriff von seiner absoluten Einheit (c. 2) und leicht kommen sie in die Gefahr, sich Gott körperlich oder bildlich vorzustellen (c. 1). Sie gleichen dem Manne,[2] der nach einer Stadt gelangen will, deren Lage er ungefähr kennt, aber er kennt den rechten Weg nicht und müht umsonst sich ab, ohne hinein zu gelangen (c. 2). Ueberhaupt haben durch den allzuhäufigen, gedankenlosen Gebrauch des Wortes: Gott,[3] das zu einem leeren Ausruf des Erstaunens über gute und böse Schickungen herabgesunken ist, die Menschen sich gewöhnt, bei dem Worte stehen zu bleiben, ohne, in Gedankenlosigkeit und Trägheit,[4] zu einer tieferen Auffassung der Sache sich zu erheben; mit dem Worte: Gott glauben sie auch den wahren Gottesglauben zu haben.

‚Es ist der Begriff des vollen Gottesglaubens, sagt Bachja (c. 1), dass Gedanke und Wort in dem Bekenntniss des Schöpfers

---

[1] Die Lesart ist nicht ganz sicher. Die venetianische Ausgabe (Bomberg) hat מינים. Die neueren Ausgaben haben המשנים. So wird von den Uebersetzern der arabische Ausdruck التنوية, die Dualisten wiedergegeben, s. Schahr. I, 188, II, 444, vrgl. Munk, Guide I, 442, Anm. 3. Der Uebersetzer des Mokammez gibt den Ausdruck durch בעלי השנים המשנים wieder, s. Orient 1847 Lb. S. 632.

[2] Auch Saadias gibt zu Anfang seines Emunoth eine Zusammenstellung der Arten, in denen der Glaube in seinem Verhältniss zur Ueberzeugung bei den Menschen aufzutreten pflegt. Bachja scheint dieser Stelle (Einleitung S. 3) sein Gleichniss, auf das auch Saadias den Vers (Eccl. 10, 15) bezieht, entlehnt zu haben.

[3] An dieser Stelle kann man das häufige Missverständniss des Ausdruckes יחוד am klarsten erkennen. Die Worte מלת יחוד zu Anfang des c. 2 werden von Fürstenthal, wie von Baumgarten in ihren Uebersetzungen, so auch von den Commentaren als: ‚das Wort: einzig' aufgefasst, das man bei grossem Schrecken oder grosser Freude auszurufen pflege. Was wohl das Wort: einzig und sein leichtfertiger Gebrauch mit dem Glauben an Gott zu thun hat, von dem im ganzen Capitel die Rede ist? מלת יחוד bedeutet aber ganz einfach: das Wort Gott.

[4] Vrgl. die Aufzählung der den wahren Glauben schädigenden Ursachen bei Saadias am Schlusse der Einleitung zum Emunoth (ed. Slucki S. 13).

zusammenstimmen, nachdem durch Beweise die Bestätigung seines Daseins und das wahre Wesen seiner Einheit auf speculativem Wege erfasst wurden.' Die vierte und allein vollkommene Art des Gottesglaubens findet sich daher nur bei denjenigen, die neben der Ueberzeugung von Gott auch klare Begriffe von dem Wesen seiner Einheit haben (c. 4). Zu dieser Tiefe des Verständnisses sind nur die Erlesensten unter den Gläubigen vorgedrungen (c. 2), wie diess bereits der Philosoph[1] ausdrückt: ‚Die Ursache der Ursachen und das Princip der Principien kann nur der durch seine Anlage ausgezeichnete Prophet oder der durch seinen Schatz an Erkenntniss hervorragende Denker anbeten; die Uebrigen aber beten ein Anderes an, weil sie ein Sciendes nur zusammengesetzt sich denken können'. Zum wahren Glauben ist daher Erkenntniss unerlässlich und jeder ist verpflichtet[2], die Wahrheiten des Glaubens mit seinen Verstandeskräften zu prüfen und zu durchdringen. ‚Wer die Forschung[3] unterlässt, ist tadelnswerth und zählt zu denen, die im Erkennen und Handeln nicht ihrer Pflicht genügen' (c. 3). Er gleicht dem der Medicin kundigen Kranken, der blind seinem Arzte traut, ohne die Richtigkeit seines Verfahrens zu prüfen. Das

---

[1] Diesen Satz citirt auch Josef ibn Zadik in seinem ‚Mikrokosmos' (S. 20): בדבר הזה אמרו הפילוסופים שלא יוכל לעבוד את עלת העלות אלא נביא הדור במבעו או פילוסוף ידוע באשר אינו מן המדע לפי ששאר בני אדם לא יאמינו מצוי אלא מורכב. Von Belang bei dieser Anführung ist nur der Umstand, dass der Satz hier mit אמרו הפילוסופים ‚die Philosophen sagen' eingeleitet wird, während er bei Bachja als Ausspruch des Philosophen auftritt, unter dem man gewöhnlich den Aristoteles versteht. Die הפילוסופים Josef ibn Zadiks sind aber, wie eine Vergleichung von Mikrokosmos S. 19 mit Dieterici, Anthropologie S. 59 lehrt, die lauteren Brüder, denen auch dieser Satz in der That entlehnt sein mag. Zum Gedanken vgl. die Anführung bei Josef ibn Zadik, Mikrok. S 47, nach der nur הנביאים והחכמים המפולפלים an der Erkenntniss Gottes Theil haben.

[2] Die nach dem Vorgange der Mu'taziliten von Saadias (Emunoth, Einleitung S. 12) behandelte Frage, welchen Zweck die Offenbarung gehabt habe, da ihre Lehren Ergebnisse der Speculation sind, bespricht Bachja in der dritten Pforte c. 3 (S. 140—145), nur dass die Frage bei ihm nicht in der scharfen Fassung gestellt ist, in der sie bei Saadias auftritt. Vrgl. Schahr. H. I, 44, 51.

[3] Auch im Kalâm scheint stets eine Begründung der Speculation den Anfang gemacht zu haben, vrgl. Frankl a. a. O. S. 16, vrgl. auch Josef ibn Zadik, Mikrok. S. 43.

Streben nach speculativer Erkenntniss macht uns auch die Schrift an zahlreichen Stellen zur Pflicht. ‚So sagt sie z. B. (Deut. 4, 6): Beobachtet und übet, denn das ist eure Weisheit und Einsicht in den Augen der Völker u. s. w. Nur dann aber können die Völker den Rang der Weisheit und Einsicht uns zuerkennen, wenn Gründe und Beweise und die Zeugnisse der Speculation die Wahrheit unserer Lehre und die Verlässlichkeit unseres Glaubens bezeugen'[1] (c. 3).

So konnte also Bachja weder den landläufigen, noch den von der Offenbarung gelehrten Gottesbegriff in seinem Werke zur Voraussetzung nehmen, es muss dieser vielmehr auf speculativem Wege erst gewonnen werden, und mit dieser ‚Wurzel und Grundlage der Religion‘, wie er (S. 38) den Gottesglauben nennt, ist auch die Grundlage des Werkes gesichert. Denn nur von dem speculativ errungenen Gottesglauben gilt das Wort (S. 38): ‚Dass es bei dem, der von ihm abgeht, weder eine religiöse Handlung, noch einen Glauben von Bestand geben könne.‘ Bachja ist so sehr von der Ueberzeugung und dem Vorsatz durchdrungen, in streng philosophischer Weise den Gottesglauben begründen und darstellen zu müssen, dass er in der ersten Pforte von der für das ganze Buch gewählten Methode abzugehen sich entschliesst. Hier wird ihn ‚die Subtilität der Untersuchung‘ dazu bestimmen, die in der Logik[2] und den

---

[1] Auch Abraham ibn Daud knüpft an diesen Vers die Bemerkung, dass das Staunen der Völker auf die Uebereinstimmung der Glaubenslehren Israels mit den Ergebnissen des angestrengtesten Denkens sich beziehe, die diesem mühelos, ihnen aber erst nach jahrtausendelangen Bemühungen seien zu Theil geworden (Emunah ramah ed. Weil S. 4).

[2] So wird der Ausdruck חכמת הדבר bei Bachja (Einleitung S. 28 u. 29) gewöhnlich übersetzt und aufgefasst, vrgl. Cassel, Kusari, 2. Aufl. S. 407 Anm. 3 und Schmiedl, Studien S. 136. Nach den Worten Bachjas בחכמת השמיש ובחכמת המיפ״ת אסר בחכמת הדבר am Schlusse der Einleitung S. 36 scheint er diess auch zu bedeuten. Jedoch wird von den Uebersetzern gewöhnlich so der arabische Ausdruck علم الكلام wiedergegeben, vrgl. Munk Guide I, 336 Anm., Cassel n. a. O. Eine Uebersetzung für Mutakalliminn scheint auch der Ausdruck בעלי חכמת הדבור bei Josef ibn Zadik, Mikr. S. 43 zu sein, wo die Bedeutung Logiker nur ironisch durchklingen soll. Es fehlt auch nicht an Anhaltspunkten dafür, dass dieser Ausdruck bei Bachja Kalâm oder Religionsphilosophie bedeutet, in der die Dialektik (S. 28) eben zu Hause war, s. Gazzali מאזני צדק S. 171.

propädeutischen Wissenschaften üblichen strengen Beweise anzuwenden, die er im übrigen Theile des Werkes zum Zwecke der Verständlichkeit mit Absicht vermeidet (Einleitung S. 29). Wir sind demnach berechtigt, eine philosophische Begründung und Entwickelung der Lehre von Gott bei Bachja zu erwarten, dürfen aber den Gesichtspunkt niemals ausser Acht lassen, dass er diese Aufgabe sich nur als Einleitung und Grundlage für sein Werk, nicht aber als Selbstzweck vorsetzt. Er wollte kein Wurzelbuch oder, wie wir es nennen, kein Compendium der Religionsphilosophie in dieser ‚Pforte über die Lehre von Gott' geben, sie steht im engsten Zusammenhang mit den übrigen Theilen des Buches und niemals darf bei ihrer Beurtheilung vergessen werden, dass sie nur als Behandlung ‚der wichtigsten Wurzel und stärksten Grundlage'[1] aller Herzenspflichten eine Stelle in dem Werke findet. Es ist auch in ihr, wie Bachja (S. 32) von dem Ganzen sagt, nur darauf abgesehen, den Glauben aus der Erkenntniss[2] nachzuweisen, ‚die in unserem Verstande eingesenkten Grundlehren der Religion hervorzuholen'; Metaphysik als solche dürfen wir darin nicht suchen. Auch eine Sicherung[3] der Ergebnisse gegen alle möglichen und vorhandenen Einwürfe ist nicht darin beabsichtigt, Polemik ist von

---

[1] ושמתי שרשן העליון ויסודן הגדול יחוד האל בלב שלם sagt Bachja in der Einleitung (S. 30).

[2] Eine Uebereinstimmung zwischen Philosophie und Offenbarung, den beiden Herren, wie Abraham ibn Daud bezeichnend sich ausdrückt, von denen der eine gross und der zweite nicht klein ist (Emunah ramah S. 82), war für Bachja selbstverständlich. Dieselbe ist aber auch von den arabischen Philosophen behauptet worden, wie z. B. von Ibn Sina, über dessen Ansicht von dem Verhältnisse jener beiden Ritter eine lehrreiche Aeusserung beibringt (a. a. O. VIII, 26): ‚Die Gründer des Glaubens, die Propheten hätten früher dasselbe ausgesprochen, was später die Philosophen gelehrt hätten; jene hätten es nach ihrer Weise nur dunkler und als Ergebniss ohne Beweis aufgestellt, damit es später erklärt und mit Beweisen versehen werde'. Ueber die Ansichten der lauteren Brüder in dieser Frage vrgl. Dieterici, Anthropologie S. 117.

[3] Bei Gelegenheit seiner Aufzählung von dreissig Arten, in denen die Seele mit sich Rechenschaft halten könne, bemerkt Bachja etwas, was bei der Beurtheilung manches Punktes in seinem Werke nicht ausser Acht gelassen werden darf: ולא הרביתי בדברים שלא יארך הספר ויצא מדרך כוונתי בו אשר היא להעיר ולהורות‚ Ich habe nicht viel Worte gemacht, damit

vornherein, wie Bachja selbst erklärt (ib.), ausgeschlossen, wir haben es eben in dieser ‚Anleitung zu den Herzenspflichten' mit einem Buche von vorwiegend praktischer Bestimmung und entsprechendem Charakter zu thun.

Welchen Gang wird eine Untersuchung über Gott zu nehmen haben? In jeder sonstigen Untersuchung, in der es sich um die Erkenntniss eines Gegenstandes handelt, ist der Gang ein klar vorgeschriebener. Es gilt dann, zuerst das Vorhandensein des Gegenstandes, sein Dass oder Ob, wie der Schulausdruck lautet, festzustellen. Ist so dieses Sein festgestellt, oder steht dieses bereits anderweitig fest, so richtet sich die Untersuchung auf das Wesen, das Was des Gegenstandes. Ist auch dieses erkannt, dann gilt es, die Eigenschaften, die Merkmale, das Wie desselben zu erforschen. Und wenn nun auch dieses erforscht ist, bleibt endlich nur noch nach dem Zweck zu fragen übrig, mit der Erkenntniss des Wozu[1] ist die Untersuchung über den Gegenstand zum Abschluss gekommen. In der Untersuchung über Gott kann dieser gewöhnliche Gang nicht eingehalten werden; mit der Erkennt-

---

das Buch nicht anschwelle und von meiner mich darin leitenden Absicht abgehe, die nur im Aufmerksammachen und Hinweisen besteht' (VIII, Ende von c. 3. S. 393). Bachja erklärt also ausdrücklich, an manchen Stellen nicht mehr sagen zu wollen, mit Absicht nicht ausführlicher zu werden, um dem Leser manches zur Ergänzung und zum Selbstdenken anregend zu überlassen.

[1] Diese vier Grundfragen jeder Untersuchung, deren Nachweisung aus dem Aristoteles Munk (Mélanges S. 111 Anm.) bereits gegeben hat, werden bei den jüdischen Religionsphilosophen häufig in der Darlegung ihrer Lehre von Gott angewendet. So weit aus den spärlichen Fragmenten, die wir von dem Werke David ibn Merwan Almokammez' erhalten haben, zu urtheilen ist, scheint dieser bereits jene in der bezeichneten Weise benützt zu haben. Es geht dies daraus hervor, dass in den geretteten zwei aufeinanderfolgenden Abschnitten eine Behandlung der שאלת מהו und der שאלת האיך gegeben wird. Diese scheinen eben zwei unserer Grundfragen, nicht etwa zwei der zehn Kategorieen zu sein, die in ihrer Unanwendbarkeit auf Gott übrigens, wenn auch nur flüchtig erwähnt werden (Orient, 1847 Lb. S. 620 u. 612—613). Ueber die Anwendung, die Gabirol von denselben gemacht hat, vrgl. Munk a. a. O. Erwähnt sei nur noch, dass Gabirol auch in der ‚Königskrone' darauf anspielt, nur dass statt des מה das Wo אין als auf Gott unanwendbar dargestellt wird. Eine Abweichung in diesen Fragen findet sich auch bei Josef ibn Zadik (Mikrok. S. 47), wo statt des למה das Wann באיזה זמן aufgeführt erscheint. In der Darstellung dieser Fragen in Ibn Sinas Logik wird

niss seines Daseins ist unserer Forschung über ihn eine Grenze gesetzt, die wir nicht überschreiten können¹ (c. 4). Aufgabe der Untersuchung wird es daher nur sein, durch Beweise das Dasein Gottes darzuthun. Daran schliesst sich naturgemäss die Frage, ob Ein Gott oder mehrere Götter angenommen werden müssen, und an diese die andere Frage, in welcher Weise von Gott Einheit auszusagen sei. Demgemäss bestimmt Bachja die Reihenfolge² seiner Darstellung der Lehre von Gott fol-

hingegen die Frage nach dem Wie als weniger wesentlich und zu den übrigen nur ‚häufig hinzugefügt' behandelt. Er sagt: والای ایضا ربما یزاد. s. Schmölders Documenta ⸮] S. 40.

¹ Wenn es auffällig erscheint, dass Bachja hier am Anfange der Untersuchung das vorwegnimmt, was ihr Ergebniss sein sollte, so hat man zu beachten, einmal, dass er nur die Richtung der Untersuchung oder das, was man von dieser zu erwarten habe, bezeichnen will und zu diesem Zwecke etwas vorausschickt, was er später erst beweisen wird, ferner aber, dass dieser Satz durch seine häufige Anwendung und seine Geläufigkeit bei den meisten Religionsphilosophen den Charakter einer unbestreitbaren Voraussetzung angenommen hat. ‚Nur dass Gott ist, können wir wissen, aber was er ist, das ist uns durchaus verborgen', so äussern sich bereits Philo und Plotin, vrgl. Zeller, Phil. der Griech. III² 2, S. 309 und 551 Anm. 1. Schon David Almokammez (s. a. O. S. 620) erwähnt diesen Satz, wenn er im Namen der הדעת בעלי החכמים den Satz anführt אין אדם רשאי לשאול על השם מרו, übrigens eine Fassung, die der positiv lautenden Bachjas ganz ähnlich ist. Für diese uns allein mögliche Aussage des Daseins oder des ‚Dass' Gottes ist der arabische Ausdruck أنّيّة geprägt worden, dessen neuhebräische Nachbildung nur bei Josef ibn Zadik durch אימת (Mikrok. S. 47) versucht erscheint, während er bei Gabirol von Ibn Falaquera mit אניה בערבי הנקראת המציאות (Mélanges f. 286), bei Maimonides von Samuel ibn Tibbon (Morch I, 58) mit ישות wiedergegeben wird. Dass Gabirol unserem Satze Aehnliches behauptet, s. bei Munk s. a. O. S. 111 A. 1. Josef ibn Zadik (s. a. O.) führt ihn wie Bachja in positiver Fassung an: אין דבר כל עלה הוא אבל אימת על החקירה היא ואה הוא אם אלא שואלין. Auch Maimonides bedient sich dieses Satzes in ähnlicher Wendung, wie Philo und Plotin. Vrgl. Munk, Guide (I. 58 S. 241, 2).

² Diese Anordnung in der Entwickelung seiner Lehre von Gott hat man stets im Auge, wenn man von dem kalamistischen Charakter der Religionsphilosophie Bachjas redet. Diese Behauptung stützt sich auf die Angabe des Maimonides (Guide I, 71 S. 346), dass man es als ein dem Kalâm bei allen Anhängern und Nachahmern gemeinsames Kriterium ansehen könne, ob zuerst die Geschaffenheit der Welt und dann durch

gendermassen: ‚Wir haben zuerst zu erforschen, ob diese Welt einen Schöpfer hat oder nicht. Wenn es erwiesen ist, dass die Welt einen Schöpfer hat, der sie hervorgerufen und geschaffen, müssen wir erforschen, ob es Einer sei oder mehr als Einer. Wenn es erwiesen ist, dass es Einer, dann müssen wir das Wesen der relativen und absoluten Einheit und, was davon dem Schöpfer zuzuschreiben sei, erforschen' (c. 4). Der Lauf der Darstellung ist somit klar vorgezeichnet.

Bachja's Lehre von der Weltschöpfung.

Der Ausgangspunkt aller Speculation über Dasein und Wesen Gottes war in der rationalen Theologie, im Kalâm der Araber der Nachweis einer Weltschöpfung. Auf diesen Nachweis haben alle Mutakallimûn so wie die ihrer Methode folgenden jüdischen Religionsphilosophen das Hauptgewicht gelegt. Daher sehen wir denn auch Bachja, um diesen Punkt zum möglichsten Grade der Gewissheit zu erheben, in seiner Erweisung jener nach allgemeiner Annahme zu unumstösslicher Sicherheit hinführenden Methode sich bedienen, die in den propädeutischen Wissenschaften, vornehmlich in der Mathematik angewendet wird und die aus dem Euklid her ihm geläufig war, die Methode, mit Hülfe unanfechtbarer Prämissen einen bindenden Beweis herzustellen. Die Annahme einer Weltschöpfung und eines Schöpfers gründet sich auf drei Prämissen: I. Kein Ding schafft sich selbst; II. die Ursachen gehen nicht ins Unendliche, es

<small>diese das Dasein Gottes bewiesen werde. Die Voranstellung der Beweise für die Weltschöpfung entscheidet den kalamistischen Charakter des betreffenden Denkers. Man kann freilich dem Kalâm die Methode entlehnen und braucht darum noch nicht Mutakallim zu sein. Und so ist es wohl auch bei Bachja. Der Gang des Kalâms ist nach Maimonides (a. a. O.) folgender: I. Weltschöpfung II. Dasein Gottes. III. Einheit. IV. Unkörperlichkeit Gottes. In der That ist dies auch die Reihenfolge, in der die Darstellung des Kalâms von Jehuda Halewi gegeben wird (Kusari, V, 18). Auch Bachja hat sich, wie man sieht, dieselbe Reihenfolge vorgesetzt, nur dass er die Unkörperlichkeit Gottes gar nicht als Hauptpunkt der Untersuchung aufführt. Auf die Gründe, die ihn dazu bewogen haben mochten, die Behandlung gerade dieses Gegenstandes zu unterlassen, kann erst am geeigneten Orte eingegangen werden</small>

muss also eine erste Ursache geben; III. alles Zusammengesetzte ist geschaffen. Von der Sicherheit jeder dieser Prämissen hängt die Kraft des Beweises ab, es gilt also zuvor, jene als sicher nachzuweisen.

I. Alles Entstandene kann nur entweder durch sich selbst oder durch ein anderes entstanden sein. Setzen wir den Fall, es sei durch sich selbst entstanden, so musste es zur Zeit, da es sich schuf, entweder bereits existiren oder nicht existiren. Hatte es aber bereits existirt, dann brauchte es nicht mehr zu entstehen, war es schon vorhanden. Hatte es hingegen nicht existirt, war es also nichts,[1] dann kann von einem Nichtthun oder Thun nicht mehr die Rede sein, denn das Nichtseiende schafft nichts. Ein Ding kann also unmöglich sich selbst gemacht haben. Somit steht die erste Prämisse[2] fest.

II. Besondere Sorgfalt erfordert der Nachweis der zweiten Prämisse, die neben ihrer grossen Wichtigkeit als Grundlage

---

[1] בעת ההיא היה אם כם ואומם (S. 48) lautet der Nachsatz in neueren Ausgaben. Weder die Annahme des Commentars מנוח הלבבות von dem potentiellen und actuellen, also den zwei Arten des Nichts, noch die Lehre Schmiedls (Studien S. 106, 107) von dem „doppelten Nichts" oder dem das Nichts der Materie erzeugenden Nichts, wie er die Stelle zu übersetzen offenbar gezwungen wäre, vermögen die Worte אם כם ואומם sachlich oder philologisch zu rechtfertigen. Die Venetianer Ausgabe hat אם allein. In der That scheint das Wort ואומם durch Dittographie des den folgenden Satz einleitenden Wortes והאם in unseren Text sich mit Unrecht eingeschlichen zu haben.

[2] Der Beweis für diese Prämisse ist dem zweiten Beweise des Saadias für den gleichen Satz völlig entlehnt (Emunoth I, 2, S. 20), vrgl. Schmiedl a. a. O. S. 106. Auch Maimonides bedient sich dieses Satzes, um die Annahme eines Schöpfers zu beweisen, aber bei ihm bedarf es nicht erst eines Nachweises, „ist es vielmehr ein Gemeinbegriff, dass ein Geschaffenes sich nicht selber schafft, sondern sein Schöpfer ausser ihm ist" (Guide I, c. 71 f. 97 a S. 349) وهذا معقول اوّل ان الحادث لا يحدث نفسه بل محدثك غيره. Diese Fassung der Prämisse ist die allgemeinere, wie sie für den Beweis eines Schöpfers geeignet ist. Beschränkter lautet die Fassung, wie sie zur Annahme eines ersten Bewegers hinleitet. Sie ist es, die bei Albo (Ikkarim II, 4) behandelt wird und nicht jene allgemeine des Saadias und Bachja. Fälschlich wird daher von den Commentatoren zu der angeführten Stelle des Saadias auf jene Behandlung bei Albo wie auf eine Analogie hingewiesen, was sie ebenso wenig ist, wie ihre Quelle, die achtzehnte Proposition des Maimonides (Moreh II).

des angestrebten Beweises auch noch dadurch zu eingehender Erörterung Veranlassung bot, dass sie wie das ganze Problem des Unendlichen überhaupt in den Schulen der Araber den Gegenstand der angestrengtesten Untersuchungen bildete. Wir sehen Bachja daher auf sie gerade mit besonderer Gründlichkeit und Ausführlichkeit eingehen.

a. Alles Anfangslose, das gilt als Gemeinbegriff, ist endlos. Was also ein Ende hat, das muss einen Anfang[1] gehabt haben, denn wenn es keinen gehabt hätte, wäre es unmöglich, überhaupt zu einem bestimmten Punkte desselben zu gelangen, weil ja vor diesem ein unendlicher Weg zurückgelegt worden sein müsste.[2] Wo es ein Letztes gibt, da muss es ein Erstes, vor dem kein früheres Erstes, und einen Anfang geben, vor dem kein anderer Anfang bestand.[3] Sowie wir also in der Welt auf

---

[1] ‚Dass Anfang und Endlosigkeit, Ende und Anfangslosigkeit sich ausschliessen', ist auch der Grundgedanke eines Beweises bei Aristoteles (de coelo I c. 12). Vrgl. Zellers Darstellung, Phil. d. Gr. II², 2, S. 270, A. 2.

[2] Der Grundgedanke dieses Beweises, dass es nämlich bei Unendlichkeit der Ursachen oder der Zeit keine bestimmte Grenze geben könnte, weil die Ursachen oder die Zeit vor Erreichung derselben einen unendlichen Weg durchlaufen haben müssten מפני שאי אפשר להגיע בדבר שאין לו תחלה אל גבול שיעמד האדם אצלו (ib.), ist dem vierten Beweise des Saadias für die Geschaffenheit der Welt entlehnt (Emunoth I, 1, S. 19). Wo es einen terminus ad quem gibt, muss es einen terminus a quo geben, wo es einen Punkt gibt, von dem aus zurückgeschlossen werden kann, muss es einen Anfang geben, weil sonst, um es saadianisch auszudrücken, das Sein nicht bis auf jenen herabgelangt sein könnte. Dass dieser Gedanke dem Kalâm angehört, kann man klar an der scharfen Darstellung erkennen, die ihm im Kusari V, 18 gegeben ist, vrgl. Cassel a. a. O. S. 409, Anm. 3. In der Annahme, unendliche Ursachen in der Wirklichkeit seien unmöglich, stimmten der Kalâm und die Aristoteliker mit einander überein, vrgl. Maimonides (Guide I, 73, 11, S. 414 und II, S. 6, Anm. 1).

[3] In dem Beitrage zur Texteskritik des Choboth, den die Schrift ספר חיי לבבות (Wien 1872) liefert, findet sich (S. 4) die Angabe, dass hier, wie das arabische Original beweist, eine ganze Zeile fehle. Doch kann der arabische Text diese klare Stelle nur verdunkeln, da das durch die vielen gleichen Ausdrücke dieser Stelle irre gewordene Auge des Abschreibers hier die in der Uebersetzung mit Recht fehlenden Worte fälschlich hierhergezogen zu haben scheint. Die darauffolgenden Worte כי אין התחלות מבלי תכלית לתחלתן sind nicht als Begründung zu übersetzen, wie dies Baumgarten thut, denn sie begründen nichts. Sie

eine Ursache für dieselbe stossen, an die wir zunächst uns halten können, so wissen wir damit, dass es ein Urerstes, eine Urursache gegeben haben muss. Die Ursachen sind eben nicht unendlich (ib.)

b. Während der vorangehende Beweis dieser Prämisse auf dem Widerspruche beruht, der zwischen der Annahme eines Unendlichen und eines im demselben vorhandenen Punktes besteht, auf der Unmöglichkeit also des Vorhandenseins von Ende und Anfangslosigkeit an einem und demselben Gegenstande, geht Bachja nunmehr daran, den Widerspruch nachzuweisen, der aus dem Vorhandensein eines Theiles im Unendlichen sich ergibt. Schon in dem Begriffe: Theil eines Unendlichen liegt ein Widerspruch. Was ist ein Theil? ‚Ein Theil, sagt Euklid (Elemente V, 1 Erkl. und VII, 3), ist eine Grösse von der anderen, die kleinere von der grösseren, wenn sie die grössere genau misset.' Der Theil setzt also ein in Grenzen gefasstes Ganzes voraus, das sich eben aus Theilen zusammensetzt, das Unendliche aber ist unbegrenzt und darum kein Ganzes. [1] Noch schärfer erweist sich der Widerspruch bei der Annahme eines concreten [2] Unendlichen. Trennen [3] wir nämlich ein Stück von

---

gehören vielmehr entweder als Resultat zu dem vorangehenden נרע oder sind nach bewiesener Behauptung als Schlusssatz des Beweises, wie es Bachjas Art ist, abschliessend ans Ende gestellt.

[1] Auch der Grundgedanke dieses Beweises, dass nämlich der Theil auf ein Ganzes schliessen lasse, das Unendliche aber ein solches gar nicht habe, ist ein kalamistischer. So heisst es in der Darlegung des Kalâms bei Jehuda Halewi מה שאין לו תבלית אין לו חצי... ולא ערך מספרי... יואין במה שאין לו תבלית קצת (Cusari V, 18, S. 410). Ebenso sagt Mose ben Esra: וכל מה שאין לו תבלית אין לו חילוק ולא רבוי ולא קצת ולא כל כי החלוק והרבוי והקצת והכל הם משער החבור. Hier (Zion II, S. 136) wird sogar ganz ausdrücklich gesagt, dass das Unendliche kein Ganzes habe.

[2] Dass hier Bachja in der That die Absurdität der Annahme eines Unendlichen zuerst allgemein und begrifflich, dann concret und rechnend nachweisen will, erkennen wir am Deutlichsten daraus, dass er (S. 49) im letzteren Theile dieses Beweises von einem דבר שאין לו תבלית בפועל spricht.

[3] Dieser Beweis wird gewöhnlich dem Ibn Sina zugeschrieben, vrgl. Munk (Guide II, S. 4, Anm.). Wenn er auch in der Darstellung bei Schahrastani (H. II, 295, 296) so lautet, dass bei der Annahme, der Rest sei unendlich, Rest und Ganzes gleich sein müssten, was unmöglich sei, so ist in der That der Beweis bei Bachja dennoch derselbe. Nur enthält dieser die letztere Hälfte des Beweises, der nach seiner ausführlichen, dem Ibn

demselben ab, so muss der Rest entweder unendlich oder endlich sein. Ist er unendlich, als Rest aber natürlich kleiner als das Ganze, so muss es Unendliche von verschiedener Grösse geben, was nicht möglich ist. Ist er aber endlich, so entsteht durch Ansetzung des abgetrennten Stückes nothwendig Endliches, während doch das Ganze früher, da es noch nicht getheilt war, unendlich gewesen. Nun kann aber ein und dasselbe Ding nicht endlich und unendlich zugleich sein. Man kann also vom Unendlichen keinen Theil abtrennen, da Alles, was einen Theil hat, unzweifelhaft ein Ende haben muss.[1]

Sina, wie es scheint, getreu nachgeschriebenen Darstellung bei Abraham ibn Daud (Emunah ramah S. 15—16) vollständig so gelautet hat: Angenommen, der durch Abtrennung eines Stückes von einem Unendlichen übrig bleibende Rest sei unendlich, müssten Rest und Ganzes gleich sein. Das geht nicht, es muss also der Rest kürzer sein. Wäre er nun trotzdem unendlich, so müsste ein Unendliches kürzer sein können, als das Andere, was unmöglich ist. Ist er aber endlich, so muss er in Verbindung mit dem abgetrennten Stücke ein endliches Ganzes ergeben, was der Annahme widerspricht. Bachja nun hat nur den letzteren Theil des Beweises aufgenommen, da der erstere ziemlich selbstverständlich ist. Aus der Darstellung Abraham ibn Dauds erkennen wir aber auch, dass die Worte: فالاصل متناه bei Schahrastani (II, 403), die man in غير متناه zu verwandeln sich leicht versucht fühlt, wie sie auch Munk in der Erklärung dieser Stelle (Guide II, S. 5, Anm.) gefasst zu haben scheint, schärfer als bei Haarbrücker so übersetzt werden müssen (a. a. O. S. 296): „So muss also das Ursprüngliche endlich gewesen sein", weil eben die Annahme des Unendlichen sich als absurd erwies. Und dennoch musste Bachja dieser Beweis nicht aus dem Ibn Sina gerade bekannt sein, er konnte ihm vielmehr, und diese Annahme erweist sich als die wahrscheinlichere, aus dem Kalâm sehr geläufig sein. Maimonides (Guide I, c. 74, S. 436, 2) berichtet ausdrücklich, die Mutakallimûn hätten ihre Beweise gegen die Annahme von der Weltewigkeit mit Vorliebe so gewandt, dass aus jener Annahme eine Unendlichkeit grösser als die andere sich ergab: فيلزمون بزعمهم بهذا الاعتبار ان يكون ما لا نهاية
(ib. f. 122 a) اكثر مما لا نهاية, was sich auffällig mit den Worten Bachjas vergleicht: יהיה דבר שאין לו תכלית גדול מדבר שאין לו תכלית.
Vrgl. auch Cusari V, 18 (S. 410, Anm. 1).

[1] Wie unrichtig Baumgarten (S. 21) diese Stelle aufgefasst hat, zeigt sich daraus, dass er die Worte שאין לו תכלית ממה להפריש יהבן ולא als Begründung auffasst. Sie sind aber eben wieder nichts als eine Zusammenfassung des Ergebnisses, wie sie Bachja stets zu geben liebt.

3*

Nun können wir aber von den in der Welt jemals ins Dasein getretenen Individuen einen Theil abgrenzen und herausheben, z. B. die Individuen aus der Zeit von Noah bis Mose, haben also somit einen begrenzten Theil dieser als unendlich angenommenen Welt, es muss also diese Welt einen Anfang haben, ihre Ursachen [1] können nicht ins Unendliche zurückgehen. Eine unendliche Reihe von Ursachen ist somit unmöglich, es muss eine Urursache geben.

III. Ein Zusammengesetztes muss unzweifelhaft aus mehr als aus Einem Dinge bestehen. Die Dinge nun, aus denen es zusammengesetzt ist, müssen der Natur oder dem Wesen nach demselben vorangegangen sein, die es zusammensetzende Ur-

---

[1] Gegen diese Schlusswendung des Beweises dürften einige gegründete Bedenken sich erheben lassen. Man möchte sich versucht fühlen, hier anzunehmen, Bachja habe hier den Grundsatz des ersten Saadianischen Beweises für die Weltschöpfung (Emunoth I, 1 S. 16), die Begrenztheit der Welt, ihre Endlichkeit lasse auf eine begrenzte, sie verursachende Kraft schliessen, anwenden wollen; aber wie folgt aus der Endlichkeit der Individuen noch die Endlichkeit der Welt? Doch scheint mir hier Bachja Folgendes haben sagen zu wollen: Wäre die Zeit unendlich, also auch (s. Kusari V, 18, Anfang, S. 409) die Zahl der in ihr entstandenen Individuen, so gäbe es also von Noah rückwärts unendliche Individuen, von Mose ab ebenso, oder aber die letztere Unendlichkeit würde die erstere um die Geschlechter von Noah bis Mose übertreffen. Wir hätten hier also die Belegung durch ein Beispiel für den allgemeinen Satz und Grundgedanken des ganzen Beweises, dass die Welt, sobald ein Theil, eine bestimmte Zeitdauer derselben bekannt sei, nicht von Unendlichkeit her bestehen könne. Dass aber Bachjas Beispiel in der That zu denen gehört, an denen der Kalâm die Absurdität der Annahme eines Unendlichen und der Weltewigkeit anschaulich zu machen pflegte, lehrt uns Maimonides (Guide I, 74 S. 435, 436). Zu solchen Beispielen wurde entweder eine Gattung von Individuen oder die Reihe der Sphärenumläufe verwendet. Diese letzteren wurden auch noch in anderer Weise als Beispiel verwerthet. Da es Sphären von grösserer und kleinerer Umlaufsgeschwindigkeit gibt, beide aber nach der Annahme der Weltewigkeit unendlich rotiren, so müsste es Unendlichkeiten geben, von denen die eine in der anderen so und sovielmal enthalten wäre. In dieser Fassung führt Jehuda Halewi dieses Beispiel des Kalâms an (Kusari V, 18, S. 410). In vollständigster Ausführlichkeit benutzt Levi ben Gerson dieses Beispiel, um dadurch die Annahme von der Ewigkeit der Zeit zu widerlegen. (Milchamot Haschem VI, 1 c. 11; ed. Leipzig S. 341).

sache dem Wesen und der Zeit[1] nach. So hat also jedes Zusammengesetzte eine Ursache und einen Anfang, kann demnach nicht ewig sein. Denn das Ewige ist das Ursach- und Anfangs- und darum auch Endlose. Das Zusammengesetzte muss also, da es nicht ewig ist und ein Ding nur entweder ewig oder geschaffen sein kann, nothwendig geschaffen[2] sein. Somit sind die drei[3] Prämissen bewiesen.

---

[1] Warum Bachja bei der Ursache der Zusammensetzung das Vorangehen ‚der Natur und der Zeit nach' הקדמה זמנית וטבעית betont, wird sofort klar, wenn man Folgendes sich gegenwärtig hält. Die späteren arabischen Aristoteliker haben mit Aristoteles eine ewige Materie angenommen und Gottes Schöpfung nur darin gesehen, dass durch ihn die von Ewigkeit her mit der Materie der Möglichkeit nach verbundene Form in die Wirklichkeit hervorgezogen wurde. Gott und Welt waren also zeitlich gleich ewig, nur ist Gott begrifflich das Frühere (vrgl. darüber Schmölders Documenta S. 94). Ich sage: Die späteren arabischen Aristoteliker, denn dass Alfarabi bereits die Ewigkeit der Materie angenommen habe, wie Schmölders a. a. O. S. 114 behauptet, lässt sich wenigstens aus dem uns Vorliegenden nicht erweisen, was schon Ritter (Gesch. der Ph. VIII, S. 8, Anm. 2) gegen Schmölders geltend gemacht hat. Besonders deutlich spricht sich über die gleiche Ewigkeit Gottes und der Welt Ibn Tophail aus, der zwar viel später als Bachja lebend uns die Ansicht seiner Vorgänger erkennen lässt. Die Weltschöpfung ist ihm nur dem Wesen nach später als der Schöpfer, aber nicht der Zeit nach ومتاخرة عنه بالذات روان كانت غير متاخرة بالزمان wie die Bewegung eines durch die Hand bewegten Gegenstandes später ist als die der Hand, wenn sie auch gleichzeitig sind (s. Philosophus autodidactus ed. Pococke S. 114). Um solchen Annahmen entgegenzutreten, betont Bachja in dem Beweise für die Geschaffenheit der Welt das zeitliche Prius Gottes.

[2] Aus der Zusammensetzung beweist auch Alfarabi die Geschaffenheit der Welt. Vrgl. den Beweis in den Fontes quaestionum bei Schmölders a. a. O. S. 44 und Ritter a. a. O. S. 5.

[3] Die Reihenfolge der drei Prämissen hätte die umgekehrte sein müssen, da es zuerst feststehen muss, ob ein Ding geschaffen ist, ehe in die Frage eingegangen wird, wer es geschaffen. Indessen lässt sie auch so aus der genetisch entwickelnden Darstellungsweise Bachjas sich begreifen. Der Gedankengang ist der folgende: Kein Ding macht sich selbst, es muss also von einem Anderen gemacht sein. Nun kann aber dieses Andere nicht wieder von einem Anderen und so ins Unendliche gemacht sein, eine unendliche Reihe von Ursachen gibt es eben nicht. Dass es aber überhaupt gemacht sein muss, unterliegt seiner Zusammensetzung zu Folge keinem Zweifel. Man muss in der That zugeben, dass die Möglichkeit, es könne ein Ding wohl auch gar nicht gemacht sein, für

Mit Hülfe dieser Prämissen lässt die Behauptung einer Weltschöpfung sich leicht beweisen. Betrachten wir nämlich die Welt, so finden wir sie durchaus wohlgefügt und zusammengesetzt. Wohlgefügt und geordnet erweist sich jeder ihrer Theile (c. 6), sie selbst erscheint uns wie ein wohleingerichtetes Haus, dessen Decke der Himmel, dessen Boden die Erde, dessen Lampen die Sterne. In ihm sind alle Dinge, jedes nach seiner Bestimmung aufgespeichert und der Mensch schaltet darin wie ein Hausherr. Zu seinem Nutzen ist das Pflanzenreich bestimmt, seinem Vortheil dient die Thierwelt. Die Sonne, die Tag und Nacht heraufführt und den Gang der Jahreszeiten regelt, die Sphären mit ihren verschiedenen Umlaufsgeschwindigkeiten, der Sterne und Planeten wohlgeordnete Leitung und unverrückbarer Lauf, in ihnen allen zeigt sich die weise Zusammenfügung, die durchweg auf das Wohl der Menschen abgesehen ist. Aber auch als durchaus zusammengesetzt, aus verschiedenen Bestandtheilen zusammengesetzt erweist sich die Welt. Betrachten wir die verschiedenen Naturreiche,[1] so finden wir sie aus den vier Elementen, aus Feuer, Luft, Wasser, Erde zusammengesetzt. Diese Elemente, da sie mit entgegengesetzten[2] Naturen ausgerüstet sind, vermögen wir selbst niemals zu einem dauernden Gebilde zu vereinigen, nur die Verbindungen, zu denen die Natur sie verbindet, sind von Dauer und Bestand. Es gibt in der Welt nichts, das nicht aus jenen zusammengesetzt wäre, oder aus einem derselben bestünde. Zwar hat Aristoteles gelehrt,

---

das philosophische Denken in erster, für die einfache Betrachtung aber in letzter Reihe sich erhebt. In der Benützung der Prämissen befolgt übrigens Bachja den umgekehrten Weg.

[1] In den Ausgaben steht nur שמחים ובעלי חיים (S. 52). Vielleicht muss das Mineralreich קאמם ergänzt werden, da es im zweiten Einheitsbeweise (c. 7; S. 56) an der Spitze der drei Reiche vorkommt.

[2] „Jeder Vernünftige, sagen in gleichem Sinne bei der Betrachtung der Pflanzenwelt die lauteren Brüder, wird .... klar einsehen und nothwendig zur Erkenntniss kommen, dass Alles von einem weisen Schöpfer herstammt; denn seine Vernunft sagt es ihm, dass die vier Elemente, die mit einander entgegenstehenden Kräften und mit einander meidenden Naturen ausgerüstet sind, sich weder vereinen noch zusammensetzen lassen, auch dieselben in den vorher erwähnten Eigenschaften sich nur dem Zweck eines weisen Künstler gemäss vorfinden" (Dieterici, Naturanschauung S. 163). Bachja hat diesen Gedanken offenbar hier entlehnt.

die Himmelssphäre bestehe aus einem nicht zu den vier Elementen Gehörigen, einer fünften Essenz, dagegen haben aber andere Philosophen die Ansicht ausgesprochen, dass Sphären, Sterne und Planeten [1] dem Feuerelement [2] angehören, was auch durch die Schrift seine Bestätigung findet (Ps. 104, 4).

So ist alles Bestehende [3] entweder aus diesen Elementen zusammengesetzt oder aus denselben entstanden. Da diese aber

---

[1] האישים העליונים (S. 52). Schon der Zusammenhang der Stelle ergibt, dass hier von ‚höhern Wesen' (Baumgarten) oder ‚Engeln' (Schmiedl, Studien S. 79) nicht die Rede ist. Der Ausdruck, der allerdings eine astrologische Färbung trägt, bedeutet nach Analogie des arabischen اشخاص in Verbindung mit ‚obere' oder ‚himmlische': Planeten. Vrgl. darüber Steinschneider Al-Farabi S. 76 A. 7.

[2] Was Bachja mit dieser scheinbaren Abschweifung über die Quintessenz des Himmels hat sagen wollen, wird erst recht klar aus einer überraschenden Analogie bei Ahron ben Elia, der ausdrücklich sagt: העולם בכללו הוא חדש מפני שהוא מורכב מחמר וצורה (Ez Chajim c. 10 S. 29.) Um diese seine Behauptung von der durchgängigen Zusammensetzung des Weltalls aus Form und Stoff durchzuführen, muss Ahron ben Elia dieselbe auch für den Himmel beweisen und hat sich deshalb hier mit den gegentheiligen Ansichten des Aristoteles und Averroës, die den Himmel für nicht zusammengesetzt erklären, auseinanderzusetzen, die er auch gründlich schon aus der Thatsache, dass der Himmel Dimensionen habe und in der Idee getheilt werden kann, widerlegt. Weniger ausführlich, aber mit grösserer Schärfe spricht bereits Abraham ibn Daud, der strenge Aristoteliker denselben Gedanken aus ואחר שהתדבקות והמתדבק הם בנשמי שמים נ״ב הנה יש בהם חומר וצורה (Emunah ramah S. 10). Diese Annahmen von der Theilbarkeit des Himmels wurden von den Philosophen freilich als falsche Analogie, die vom Vergänglichen auf das Unvergängliche schliessen will, und kalamistischer Irrthum angesehen, wie Maimonides sagt (Guide I, 76; S. 452, 3). Gegen die Annahme des Aristoteles vom Aether (vrgl. Zeller a. a. O. II², 2, S. 331, 332, Munk a. a. O. I, 247, 3) lässt Plotin den ‚Himmel sammt den Gestirnen' aus dem Licht, dem nichtirdischen Feuerelement bestehen, vrgl. Zeller a. a. O. III², 22. S. 506, 3. Nach Mose ben Esra (Zion II, S. 158) waren es Plato und der arabische Arzt und Denker Râzi, die das Bestehen der Sphären aus dem Feuerelement behaupteten. Aehnlich wie Bachja fügt Mose ben Esra hinzu: (ib.) וזו היא דעת חול. Vrgl. auch die Ansicht der lauteren Brüder, Dieterici, Anthropologie S. 163.

[3] Die Wichtigkeit der Stelle (c. 6; S. 52) fordert zu einer kritischen Prüfung unseres Textes gleichsam heraus. Um die Sicherheit unserer Lesearten einerseits, die Treue der Uebersetzung andererseits für diese Stelle zu erweisen, will ich den Wortlaut des arabischen Originals nach den Codices von Oxford

ihrer Natur nach eine Verbindung mit einander nicht eingehen, so ist von selbst klar, dass die Ursache ihrer Zusammensetzung ausser ihnen liegen und sie wider ihre Natur zur Vereinigung gezwungen haben muss. Gott ist es, der sie so weise verknüpft und so stark verbunden hat. Aber diese vier Elemente sind nicht etwa selber einfach, auch sie sind zusammengesetzt, und zwar aus Stoff und Form, d. i.[1] Substanz und Accidenz. Ihr

und Paris hierherzusetzen. Ich lasse die Stelle da beginnen, wo die Ansicht der Philosophen über die Natur der Sphären aus der Schrift bestätigt wird:

وذلك دليل صحة قول من قال بهذا المذهب وليس ذلك طبيعة خامسة كما قال ارسطوطاليس فاذا كانت الموجودات مكونات من العناصر ومولوفات منها وعلمنا انها لم تمتزج بذاتها ولا تالفت بطبايعها لمضادة بعض لبعض سبق الى عقولنا وصح فى نفوسنا ان مولفها غيرها ورابطها سواها وان مركبها على غير طبايعها بل قسرًا منها هو خالقها جل وعز الذى احكم رباطها واتقن تاليفها فاذا بحثنا عن العناصر الاربعة وجدناها مولفة ايضا من مادة وصورة وهما الجوهر والعرض اما مادتها فالمادة الاولى حاملة للعناصر الاربعة وهيولها واما الصورة فالصورة الاولى كلية التى هى اصل لكل صورة جوهرية وعرضية كالحرارة والبرودة والرطوبة واليبوسة والثقل والخفة والحركة والسكون وما اشبه ذلك فالتاليف والتركيب ظاهر فى جملة العالم وفى جميع اجزائه وفى اصوله وفروعه وفى بسيطة ومركبة وفى اعلاه واسفله

Die Codices stimmen hier überein, nur hat der Pariser folgende Abweichung:

اما مادتهما فالمادة الاولى الحاملة للعناصر الاربعة وهيولاتها اما جوهرا فالعنصر الاول وهو اصل العناصر الاربعة ومادتها وهيولاتها واما الصورة

Möglich, dass Bachja in der ersten Edition, die nach Munks Vermuthung (Notice sur Saadia S. 45 Anm.) der Pariser Codex enthalten soll, von dem Urstoff als von dem ersten Elemente (πρῶτον στοιχεῖον vrgl. Zeller a. a. O. II², 2 S. 332, 6), der Wurzel der vier anderen gesprochen hat.

[1] Diese Behauptung, dass der Stoff die Substanz der Dinge sei, ist durchaus nicht im Sinne des Aristoteles, der die Form ausdrücklich als Substanz bezeichnet, wenn er auch der Materie, als der Unterlage alles Seins, ‚diesen Namen auch nicht ganz abzusprechen‘ wagt, vrgl. über diese ‚Schwierigkeit‘ Zeller a. a. O. 259, 260. Josef ibn Zadik (Mikrok.

Stoff ist der Urstoff, der Träger und die Materie der vier Elemente, ihre Form die allgemeine Urform, die Wurzel aller substantiellen und aller accidentellen Form, als da sind: Wärme, Kälte, Feuchtigkeit und Trockenheit, Schwere und Leichtigkeit, Bewegung und Ruhe und dergleichen mehr.[1] Aus dieser in

S. 9) gibt den Unterschied zwischen חומר und עצם dahin an, dass der Stoff potentiell die Substanz enthalte, diese also geformter Stoff sei. Nur bei den lauteren Brüdern findet sich noch dieselbe Identification von Stoff und Form mit Substanz und Accidenz wie bei Bachja: ‚ein Accidens oder eine Substanz, eine Materie oder eine Form' (Dieterici, Naturanschauung S. 13), nur scheint bei ihnen das Accidens auf die Seite der Materie zu fallen. Vielleicht lässt Bachjas scheinbar überflüssige Bemerkung sich dahin verstehen, dass hier eine Incinssetzung der kalamistischen Principien von Substanz und Accidenz und der Aristotelischen von Stoff und Form beabsichtigt sei. In der That entspricht die Substanz der Mutakallimûn als ‚das Form- und Bestimmungslose .., das Weder-Noch aller Gegensätze und Bestimmungen' dem Stoff des Aristoteles und was bei ihm die Form ist, ‚das Ganze der Eigenschaften, welche dieser [der Stoff] nicht hat, aber anzunehmen fähig ist' (Zeller a. a. O. 241), ist ihnen das alle Formen der Gestaltung in sich begreifende Accidens. Der Kalâm selbst verwarf die Stoff-Formtheorie des Aristoteles, vrgl. Guide I, 73, 8, S. 398, 1 und I, 76, S. 451, 1.

[1] Die Quelle für diese ganze Auseinandersetzung würde man vergeblich im Aristoteles suchen. Allenfalls liesse sich noch die Zusammensetzung der Elemente aus Stoff und Form bei demselben nachweisen. Herr Prof. Zeller hatte die Güte, mir hierüber Folgendes mitzutheilen: ‚Dass die Elemente aus Form und Stoff zusammengesetzt seien, sagt Aristoteles zwar meines Erinnerns niemals mit diesen Worten; aber der Sache nach sagt er es allerdings, wenn er dieselben dadurch entstehen lässt, dass die Materie (die πρώτη ὕλη) die aus den ursprünglichsten Gegensätzen sich ergebenden Qualitäten annimmt (Ph. d. Gr. II², 2, 244. 1; 334 ff.), denn diese Qualitäten sind die εἴδη, durch deren Eintreten in den Stoff dieser zu bestimmten Stoffen wird'. Eine Entstehung aus Form und Stoff als einmal getrennten Substanzen ist aber sicherlich nicht im Sinne des Aristoteles, der Stoff und Form sich stets zusammen denkt, vrgl. Zeller a. a. O. 243. Auch Ibn Sina sagt: ‚Es ist erwiesen, dass die Materie von der Form niemals entblösst ist und dass der Unterschied (richtiger: die Trennung فصل بينهما فصل بالعقل Schahr. II, 366) zwischen beiden nur ein Unterschied im Denken ist' (Schahr. H. II, 240). Abraham bar Chija scheint allerdings auch ein getrenntes Bestehen von Form und Stoff angenommen zu haben והיו שני השרשים האלה שהם ההיולי והצורה ננוים לפני המקום ועומדים על סדריהם עד העת אשר היה רצון הנפש) ראוי לפניו להוציאם ed. Freimann S. 2 a). Dagegen leugnet

allem Seienden hervortretenden Ordnung und Zusammensetzung folgt nach der dritten Prämisse, dass die Welt geschaffen sei. Da sie nach der ersten Prämisse sich nicht selbst geschaffen

diess Abraham ibn Daud aufs Entschiedenste, לא יהיה רק החומר לעולם ם היצורה sagt er ausdrücklich Em. ram. S. 10. Ueber die Eintheilung der Form in eine substantielle und accidentelle und ihr Verhältniss zu Aristoteles äussert sich Herr Prof. Zeller brieflich folgendermassen: ‚Die Unterscheidung der substantiellen und accidentellen Formen erinnere ich mich nicht bei Aristoteles gefunden zu haben, und sie passt auch nicht für ihn, denn das εἶδος ist nach seiner Ansicht die οὐσία des Dings (s. a. O. 259 ff.). Dass die erste Form Ursprung aller andern sei, ist der Sache nach neupythagoreische Lehre, und wird in den von Neupythagoreern den alten Pythagoreern untergeschobenen Schriften auch für die Lehre des Pythagoras ausgegeben (Phil. d. Gr. I, 3. Aufl., S. 308 f. III a., 2. Aufl. S. 98 f. 104); mit diesen Worten steht es, so viel mir bekannt ist, in keinem der uns erhaltenen neupythagoreischen Fragmente, es mag aber von irgend einem der späteren, neuplatonischen Aristoteliker oder von einer pseudopythagoreischen Schrift jener Satz als pythagoreisch überliefert worden sein'. Bachjas Worte finden aber ihre volle Erklärung durch die Lehren der lauteren Brüder, denen hier Bachja durchaus gefolgt ist. ‚Also verfuhr Gott: Zuerst begann er mit der Schöpfung und Herstellung der vier für sich bestehenden Naturen, die mit einander ringenden und sich befehdenden Kräften versehen sind. Darauf verband er je zwei derselben, so dass vier Elemente mit einander vermählten und verbundenen Naturen, mit sich entsprechenden Kräften entstanden. Das sind die Elemente' (Dieterici, Anthropologie S. 3). Neben dieser aristotelisch gefärbten Aeusserung, die mit der von Maimonides vorgetragenen (Guide II, 19, S. 140) übereinstimmt, gibt es eine andere von ihnen über denselben Gegenstand. ‚Die Körper unter der Mondsphäre bestehen aus sieben Arten. Vier davon sind die Allmütter (Elemente), nämlich Feuer, Luft, Wasser und Erde; und drei davon sind die erzeugten Theilwesen: Thier, Pflanze und Mineral. Wir beginnen nun zunächst mit der Beschreibung der Allmütter und sagen: jedes dieser Elemente ist aus Materie und Form zusammengesetzt. Ihrer aller Materie ist der (absolute) Körper; doch ihre Form, durch die sich jedes einzelne vom anderen sondert, das ist die Form, welche das Wesen jedes einzelnen derselben herstellt. Da nun die Form in zwei Arten zerfällt, in die herstellende und vollendende, so müssen wir beide näher bestimmen, damit der Unterschied zwischen beiden erkannt werde. Wir sagen nun, dass die das Wesen des Dinges herstellende Form diejenige ist, welche, wenn sie sich von ihrer Materie trennt, die Existenz dieses Dinges dadurch vernichtet. Die vollendende Form hingegen ist diejenige, durch welche das Ding zu dem je vollkommensten Zustande gelangt, dessen es fähig ist. Trennt diese sich von ihrer Materie, so ist die Existenz der Materie noch nicht damit auf-

haben kann, so muss sie einen Schöpfer haben, der sie, da die zweite Prämisse ein Zurückgehen der Ursachen ins Unendliche ausschliesst, zu einer bestimmten Zeit, einem Uranfang aus dem gehoben' (Dieterici, Naturanschauung S. 55, 56). — Die Annahme der Zusammensetzung der Elemente aus Form und Stoff erwähnt auch Abraham bar Chija: ויצרו מן הדבוק כל הנופיה המצאות בעילם כנן ארבע יסודות שהן ארץ ומים ורוח ואש (a. a. O. S. 2 b). — Ueber diese Eintheilung der Form sprechen sich die lauteren Brüder noch an einer anderen Stelle aus, wo uns statt herstellend und vollendend die für die Analogie mit Bachja entscheidenden Ausdrücke: substantiell und accidentell entgegentreten: ‚Zwischen diesen beiden ist nun der Unterschied, dass die substanzartige, d. i. eine ein Ding herstellende Form eine solche ist, die, wenn sie dem Stoff abgeht, auch das Vorhandensein des Dinges aufhebt; die accidentelle und vollendende Form dagegen ist eine solche, die, wenn sie von dem Stoff genommen wird, das Vorhandensein des Dinges noch nicht aufhebt' (Dieterici, Weltseele S. 41). Ich stelle der Gleichheit der Terminologie mit Bachja wegen den arabischen Wortlaut dieser Stelle her, den ich Herrn Prof. Dieterici verdanke: والفرق بينهما ان الصورة الجوهرية المقوّمة للشى هى التى اذا تخلفت عن الهيولى بطل وجدان ذلك الشى والصورة العرضية المتمّمة هى التى اذا تخلفت عن الهيولى لم يبطل وجدان الشى. Wenn wir nun die von ihnen angegebenen herstellenden und vollendenden Formen der Elemente betrachten, so werden wir sie bei Bachja wiederfinden. Die herstellende Form des Feuers ist nach Naturanschauung S. 56 die Bewegung, die vollendende die Hitze; dem entspricht bei Bachja das Paar חום־תנועה. Bei der Erde sind dasselbe die Ruhe und die Kälte (a. a. O. S. 57), bei Bachja קור־מנוחה. Beim Wasser sind es Feuchtigkeit und ‚viel ruhende dicke Theile, aber wenig sich bewegende leichte' (a. a. O. S. 58), bei Bachja לחות־כובד. Bei der Luft wären es nach den lauteren Brüdern ebenfalls Feuchtigkeit und ‚viel feine bewegliche Theile, jedoch wenig dicke ruhende' (a. a. O. S. 59), bei Bachja aber יובש־קלות. Nach dieser Anordnung hätten allerdings Hitze und Kälte, wie ihre paarigen Qualitäten Bewegung und Ruhe an zweiter Stelle stehen müssen. Weil aber nach den lauteren Brüdern das Wasser der Erde an Kälte, die Luft dem Feuer an Hitze ähnlich ist (a. a. O. S. 59), so beginnt Bachja mit den Qualitäten, an denen alle vier Elemente Theil haben, nämlich Hitze und Kälte. Erst dadurch wird die Bedeutung der Aufzählung der acht Qualitäten bei Bachja verständlich. Es verdient übrigens noch bemerkt zu werden, dass diese Eintheilung der Form bei Thomas von Aquino vorkommt, s. Tennemann, Gesch. der Phil. VIII. 569.

Nichts hervorgerufen hat. So war der Schöpfer also das anfangslose Erste, das Urewige.

Hier erhebt sich jedoch der Einwand, dass die Welt nach diesem Beweise zwar allerdings geschaffen sein müsse, aber immerhin auch durch Zufall entstanden sein könnte, das Dasein eines Schöpfers also noch keineswegs erwiesen sei. In der That haben auch Einige solch eine zufällige Entstehung der Welt ohne einen Schöpfer angenommen. Doch entbehrt eine solche Annahme jeder vernünftigen Grundlage. Schon bei einem gewöhnlichen Wasserrade, das eine kleine Fläche bewässert, wird kein Verständiger es glauben wollen, wenn man ihm versichert, dasselbe sei ohne eine bestimmte Absicht oder ein Hinzuthun eines Meisters entstanden. Wenn nun schon bei einem so geringfügigen Werke ein zufälliger Ursprung unmöglich gefunden wird, wie kann man da bei der grossen Sphäre, die Alles bewegt und mit einer dem Menschen unfassbaren Weisheit zum Dienste der Erde und ihrer Bewohner eingerichtet ist, auch nur den Gedanken auszusprechen wagen, sie sei ohne zweckbewusste Absicht und ohne Plan eines weisen Mächtigen zufällig [1] geworden? Wo keine Absicht thätig ist, da zeigt sich auch in dem Werke kein Zeichen von Weisheit und Macht. Nimmermehr kann der Zufall etwas hervorbringen, in dem geistiges Vermögen zu Tage tritt. Ein umgeschüttetes Tintenfass [2] wird niemals regelrechte Schriftzüge und lesbare Zeilen

---

[1] Es scheint, dass Bachja hier unter גלגל הגדול den ersten Himmel des Aristoteles, die Fixsternsphäre verstehe, denn auf diese passen die Bestimmungen, dass sie die Erde mit Allem, was auf ihr ist, umgebe, mit so unendlicher Weisheit eingerichtet und zum Dienste der Erde angelegt sei. Schon nach Aristoteles entspringen aus dieser die Bewegungen der Sphären, vrgl. Zeller a. a. O. II², 2, 356, 5. הגלגל הגדול heisst diese Sphäre auch bei Saadias (Emunoth II, 6 Ende; S. 48). Eine Schilderung von der grossen Macht und der ausgedehnten Bedeutung derselben gibt Abraham ibn Daud, der sie als die Ursache aller Bewegung in der Natur ansieht (Em. ram. S. 65).

[2] Bachja folgt hier offenbar dem Saadias, der unter den von ihm widerlegten Lehren auch die vom zufälligen Entstehen der Welt als neunte unter dem Namen דעת המקרה bekämpft (Emunoth I, S. 32). Saadias nimmt als Beispiel durcheinandergeworfene Steine und Hölzer, aus denen niemals ein Haus entstehen könne, oder Hölzer und Eisen, die sich unmöglich zu einem Schiffe zusammensetzen können. Bachja hat nun zwar

zu Wege bringen, wir würden auch sicherlich jeden, der ein regelrechtes Schriftstück mit dem Bemerken vorlegte, es sei durch umgeschüttete Tinte entstanden, für einen Lügner erklären. Wenn nun bei Dingen, die auf einem Uebereinkommen, also etwas mehr Zufälligem beruhen, wie die Schrift, ein zufälliges Entstehen für undenkbar gehalten wird, wie könnte bei einem Werke, dessen Herstellung unendlich schwieriger und tiefer ist, ein Zustandekommen ohne Absicht eines Weisen und Mächtigen auch nur für möglich gehalten werden? Hiermit wäre also die Schöpfung der Welt und das Dasein eines Schöpfers erwiesen, zugleich aber auch die Lehre von der Ewigkeit der Welt[1] zurückgewiesen und widerlegt.

ein originelles und, wie man zugestehen muss, viel wirksameres und anschaulicheres Beispiel gewählt, die Abhängigkeit von Saadias ist nichtsdestoweniger auch hieraus ersichtlich. Diesen hier nur als Einwurf gegen die Zufallslehre geäusserten Gedanken von dem Zeugnisse der Zweckdienlichkeit der Welt für einen denkenden Schöpfer hat Thomas von Aquino zum Mittelpunkte seiner fünften via oder des fünften Beweises für das Dasein Gottes erhoben, vrgl. Tonnemann, a. a. O. VIII, 585.

[1] Das Dasein eines Schöpfers ist durch den Beweis Bachjas in der That dargethan. Wir lernen sogar aus demselben, da in ihm, wie dies gewöhnlich ist (vrgl. Strauss, christliche Glaubenslehre I, 369), das kosmologische mit dem physicotheologischen Argument zum Theil vermischt ist, diesen Schöpfer als denkendes Wesen kennen. Aber die Behauptung einer Schöpfung aus Nichts, die er nach seinen Worten c. 5 (Anfang) hier mitbeweisen will, ist nicht bewiesen, die Annahme einer ewigen Materie, aus der Gott die Welt geschaffen hätte, ist durch seinen Beweis nicht ausgeschlossen. Auch für ihn galt die Forderung, zuerst zu erweisen, dass die Urform und der Urstoff entstehen und vergehen, ehe er eine Schöpfung aus Nichts behauptete, vrgl. Maimonides (Guide I, 74, 4. S. 426, 1). Wiewohl also Bachja keinen der von Maimonides (a. a. O.) uns überlieferten kalamistischen Beweise für die Weltschöpfung und das Dasein Gottes zu dem seinigen gemacht hat, so erweist er doch dadurch sich in kalamistischen Voraussetzungen befangen, dass auch bei ihm wie im Kalâm nur die Geschaffenheit der Welt, nicht die ihres Urstoffs bewiesen wird. So erweist sich denn auch hierin die grosse geistige Kraft des Begründers der jüdischen Religionsphilosophie, des Gaons Saadias, den man auch gewöhnlich im Kalâm aufgehen lässt, dass er mit klarem Bewusstsein von der Wichtigkeit seines Schrittes nach dem Beweise für die Weltschöpfung den Beweis antritt, dass die Welt aus Nichts und nicht aus einem ewigen Urstoffe geschaffen ist (Emunoth I, c. 3).

Bachjas Lehre von der Einheit Gottes.

Aus dem angeführten Beweise hat das Dasein Gottes sich unzweifelhaft ergeben, ob aber dieser nothwendig Einer sein müsse, oder ob es nicht auch viele Götter geben könne, haben wir aus ihm nicht erfahren. Es gilt also noch, die Einheit Gottes speculativ nachzuweisen, was Bachja auf siebenfache Art zu thun sich vorsetzt (c. 7).

I. Wer die unendliche Zahl der in der Welt vorhandenen Einzeldinge auf ihre letzten Gründe hin ansieht, der wird bald finden, dass diese Unendlichkeit von verursachten Dingen unter einer immer mehr zu verringernden Zahl von Ursachen, diese unermessliche Fülle von Begriffen unter einer immer mehr zu verkleinernden Reihe von höheren Gattungsbegriffen sich befassen lasse. Die Einzelheiten lassen unter bestimmte Arten sich zusammenbringen, die Arten unter Gattungen und diese unter höhere Gattungen, deren man eine immer geringere Zahl gewinnen wird, bis man zu den höchsten Gattungsbegriffen alles Seienden, den Gattungen der Gattungen,[1] den Kategorieen gelangt, deren Zahl ‚der Philosoph' auf zehn normirt hat. Prüfen wir in ähnlicher Weise die Dinge auf ihre Ursachen, so wird deren Zahl als eine immer mehr zu beschränkende sich herausstellen. Glauben wir, bereits bei den letzten Ursachen alles Seienden, den fünf Principien, die aus den vier Elementen und der Bewegung[2] bestehen, angekommen zu sein, so erweisen auch diese

---

[1] Aristoteles nennt wohl die Kategorieen manchmal γένη (vergl. Zeller a. a. O. II², 2, 187, 1), aber nicht Gattungen der Gattungen. Diese Bezeichnung findet sich aber bei den lauteren Brüdern. ‚Die zehn Kategorieen, von denen je eine eine Gattung der Gattungen ist', heisst es an einer Stelle (Dieterici, Naturanschauung S. 18), vrgl. auch Dieterici, Weltseele S. 31. Die Ordnung der Kategorieen bei Bachja (S. 56) zeigt weder die kleine Abweichung, in der sie bei Saadias (Em. II, c. 8) oder bei Moses ben Esra (Zion II, 119), noch die Verschiebung, in der sie bei A. i. D. (Em. ram. I, 1 S. 5 ff.) vorkommen, ist vielmehr die bei Aristoteles gewöhnliche.

[2] Schon bei Aristoteles hatte ‚die Bewegung neben Stoff und Form den Rang eines Princips alles Seienden, vrgl. Zeller a. a. O. 265, 270. Bachja selber äussert seine Ansicht über die Bewegung auch noch an einer anderen Stelle (II, c. 5, S. 119). Dort preist er sie als das für die Ord-

von einer geringeren Zahl von Ursachen sich verursacht, und zwar von Stoff und Form, welche ihrerseits wieder von Gott verursacht sind, der als dem letzten Ursachenpaar vorangehend nothwendig nur die Einheit, schlechthin Einer sein kann. Als Princip der Principien und als Ursache aller Ursachen muss Gott nothwendig Einer sein.[1]

II. Die in allen Theilen der Welt hervortretende Zusammenstimmung und planvolle Harmonie, in der die verschiedensten und entgegengesetztesten Ursachen zu übereinstimmenden Wirkungen sich gestalten, sowie die im Kleinsten wie im Grössten sich äussernde Weisheit beweisen die Einheit Gottes. In dieser ganzen grossen Welt offenbart sich ein planmässiger Zusammenhang, in dem ein Theil des anderen bedarf zu seinem Bestande und seiner Vollendung, wie etwa die Schuppen eines Panzers, die Theile eines Bettes oder die Glieder eines Menschen einander bedürfen. So brauchen Mond und Sterne das Sonnenlicht, die Erde Himmel und Wasser, die Thiere bedürfen einander,

---

nung und Vollendung der Welt wichtigste Princip, an dem alles Geschaffene Theil hat, ohne das es kein Werden und Vergehen gäbe ולולי התנועה לא היתה נמצאה הוית שום דבר מן הנמצאות ולא הפסדים ואמר אחד מן הפילוסופים רוב הטבעים עם התנועה. Aehnlich sagt Moses ben Esra: אין טבע שאינה סוכרח על התנועה אשר תרכב עליה ברצון בוראו רם ונשא (Zion II, 157, 1). Die Bewegung, die Bachja im Auge hat, ist die nach der Ansicht des Aristoteles und der arabischen Aristoteliker aus der Fixsternsphäre hervorgehende, der das Weltall sein Dasein verdankt. Vrgl. Zeller a. a. O. 356, Abraham ibn Daud a. a. O. S. 55, Maimonides, Guide II, 1. S. 31, 1 und Dieterici, Weltseele S. 122.

[1] Zwei Gedankenreihen sind es, die in diesem Beweise neben einander herlaufen. Die eine, die davon ausgeht, dass alles Vorhandene unter eine immer geringere Zahl höherer Gattungsbegriffe sich vereinigen lasse, ist mehr ein analogisches Moment, als ein eigentliches Argument. Sie will mehr darauf hindeuten, wie jeder Gattungsbegriff auf einen höheren über sich hinausweist, als die Einheit Gottes beweisen. Die andere von der immer mehr sich verkleinernden Zahl von Ursachen führt direct zur Einheit Gottes hin. Es lässt sich nicht annehmen, dass nur eine Betrachtung der Ursachen in diesem Beweise gegeben werden soll und dass die Kategorieen selbst als Ursachen alles Seienden gefasst sind, zu welcher Ansicht sich in den Worten Mose ben Esras עקר הם אשר ההכחות המציאות אצל הפילוסופים (Zion II, 118) vielleicht eine Analogie finden liesse, denn Bachja steigt nicht zu den Ursachen der Kategorieen empor, sondern nennt die fünf Principien האלה השונים עשרת מיני איש עלות, kehrt also, bei den Kategorieen angelangt, wieder zu den Einzeldingen zurück.

lebt doch eine Gattung von der anderen und der Mensch braucht dies Alles. Auch Länder, Gegenden, selbst Wissenschaften und Handwerke sind gegenseitig auf einander angewiesen. Wo Alles in solchem Zusammenhange steht, da kann nur Ein Wesen diese einheitliche Zusammenstimmung zu Stande gebracht haben. Dieselbe Weisheit offenbart sich aber auch im kleinsten der Geschöpfe, in der Ameise so gut wie im Elefanten. Ja, je kleiner das Geschöpf, desto mehr tritt Macht und Weisheit in ihm zu Tage, desto wunderbarer erweist sich sein Bau. In der Vereinigung und dem einmüthigen Zusammenwirken Aller zur Vollendung der Ordnung in der Welt erweist sich die Einheit des Schöpfers, denn sicherlich würde bei vielen Schöpfern in jedem Theile der Welt eine andere Einrichtung geherrscht haben, eine Zusammenstimmung aller unmöglich gewesen sein. In Gottes Schöpfung, sagt daher der Philosoph,[1] ist eines nicht wunderbarer als das andere, denn in allen ihren Theilen offenbart sich die gleiche Weisheit des Einen[2] Gottes.

---

[1] Eine ähnliche Aeusserung des Aristoteles führt Albo an im Ikkarim II, 1. Dem Sinne nach identisch mit der Anführung bei Bachja ist der Satz des Aristoteles: ἐν πᾶσι γὰρ τοῖς φυσικοῖς ἔνεστί τι θαυμαστόν (Part. an. I, 5, 645 a, 5). Bachja scheint an dieser Stelle die lauteren Brüder benützt zu haben. Zwar würde das Beispiel von der Ameise und dem Elefanten als dem Kleinsten und Grössten noch nichts beweisen, doch zeigt die ganze Färbung der Stelle, die Behauptung, jene beiden seien gleich wunderbar, ja die Ameise sei noch wunderbarer, weil mit der Kleinheit des Geschöpfes auch sein Bau an erstaunlicher Feinheit zunehme, dass hier die Aeusserungen der lauteren Brüder berücksichtigt sind, vrgl. Dieterici, Naturanschauung S. 201, welche Stelle übrigens von Moses ben Esra (Zion II, 136) ohne Quellenangabe wörtlich entlehnt wurde.

[2] Dieser Beweis, den man mit Zeller zusammenfassen kann in die Worte: ‚die Einheit und Zweckmässigkeit der Welt lässt sich eben nur aus der Einheit der obersten Ursache erklären', findet sich bereits bei Aristoteles, vrgl. Zeller a. a. O. 273, 274. Auch er betont besonders die Zusammenstimmung des Ganzen; πρὸς μὲν γὰρ ἓν ἅπαντα συντέτακται, sagt er Met. XII, 10. Nur wird dieses physico-theologische Argument, das Aristoteles für das Dasein Gottes beibringt, von Bachja, wie dies öfter vorkommt (vrgl. Strauss a. a. O. I, 404) zur Begründung der Einheit Gottes verwendet. Auch Maimonides hat von diesem Beweise Gebrauch gemacht, indem er aus der organischen Verbindung gleichsam, in der das ganze Weltall zusammengehalten ist, die Unmöglichkeit ableitet, dass dieses von verschiedenen Göttern herrühren solle (Guide II, 1, S. 44). Dem Maimonides

III. Der Beweis von der Weltschöpfung hat es ergeben, dass die Welt einen Schöpfer haben muss. Handelt es sich nun darum, wie viele Schöpfer angenommen werden müssen, so haben wir nur[1] darauf zu sehen, wie viele erforderlich seien, um der aus dem Beweise sich ergebenden Forderung der Weltschöpfung zu genügen. Nun reicht Ein Schöpfer dazu aus, die Welt zu schaffen, wir sind also nicht berechtigt, ohne Noth[2] mehrere anzunehmen. Wir hätten sogar weniger als Einen annehmen müssen, wenn wir unter dieser Annahme das Zustandekommen einer Schöpfung hätten denken können. In logischen Dingen, die durch Beweise zu unzweifelhafter Gewissheit gelangen, hat die Annahme nur so weit sich zu erstrecken, als die logische Nöthigung ergibt. Ein in durchaus einartigem Charakter geschriebenes Schriftstück lässt uns nur auf Einen Schreiber schliessen und nicht eher werden wir mehrere dabei annehmen, als bis wir durch eine offenbare Verschiedenheit zweier Stellen dazu genöthigt sind. Wir urtheilen nur nach dem Schriftstück, eine persönliche Bekanntschaft mit dem Schreiber ist für das Urtheil nicht erforderlich. Wir schliessen aus jenem mit gleicher Sicherheit auf ihn, als hätten wir ihn gesehen, wissen zugleich, dass er zu schreiben verstehe und im Stande sei und dass er es nothwendig allein, ohne Unterstützung eines anderen geschrieben habe, weil sonst in dem Schriftstück als dem Werke Zweier Verschiedenheit und Ungleichmässigkeit unausbleiblich gewesen wäre. Also zwingt uns der einheitliche Charakter der Schöpfung zum Glauben an die Einheit des Schöpfers, ohne den die Schöpfung der Dinge nicht hätte vollbracht werden können, der aber nicht wie Substanz und Accidenz gesehen werden kann. Doch wir haben nur aus seinem Werke auf ihn zu schliessen und dies wird mit gleicher

---

hat diesen Beweis Ahron ben Elia (עץ חיים c. 64, S. 78) fast wörtlich entlehnt.

[1] Wörtlich: „Sobald es feststeht, dass die Welt Einen Schöpfer hat, der sie geschaffen und hervorgebracht, darf es uns nicht mehr einfallen, dass er mehr oder weniger als Einer sei". Falsch übersetzt Baumgarten die Worte אין ראוי להעלוה על דעתני: „so ist nicht mehr darüber nachzudenken".

[2] Scharf fasst Duns Scotus diesen Beweis in die Worte: nulla pluralitas ponenda est sine necessitate. Vrgl. die Darstellung dieses Beweises bei Ritter. Geschichte Bd. VIII, S. 380, Anm. 2.

Sicherheit, wie wenn wir ihn gesehen hätten, die Ueberzeugung von ihm uns verschaffen, dass er besteht, Einer ist und ewig in der Vergangenheit wie in der Zukunft, mächtig, weise und lebendig.[1] Zum Bestande dieses Werkes war nur ein einziger Schöpfer unbedingt erforderlich, wir können darum nicht mehr als Einen annehmen. Wollte jemand behaupten, es gebe mehr als Einen, so müsste er dafür einen Beweis bringen, das ist aber unmöglich, da der Beweis für die Einheit[2] Gottes als ein speculativer nicht durch einen anderen umgestossen werden kann. Vielmehr wird durch Beweise nur die Einheit Gottes, seine Freiheit von aller Vielfachheit, Vergesellschaftung und Verähnlichung in verstärktem Maasse dargethan werden.

IV. Nehmen wir an, es gebe mehrere Götter, so muss das Wesen jedes einzelnen entweder gleich oder verschieden sein. Haben alle Ein Wesen, gibt es also nichts, was sie trennte und zu einer Mehrheit machte, so können wir nicht mehrere annehmen, dann gibt es eben nur Einen[3] Gott. Hat aber jeder einzelne ein besonderes Wesen, so muss jeder

---

[1] Diese scheinbar nicht in diesen Beweis gehörende Ausführung hat darin ihren Grund, dass Bachja gegen den Einwurf bereits hier sich verwahren will, wie denn von einem Gegenstande, der unserem Anblick sich entzieht, mit solcher Bestimmtheit Einzigkeit ausgesagt werden könne. Da findet es denn Bachja geeignet, gerade in diesem Beweise aus der Thatsache der Weltschöpfung die Art anzugeben, wie wir zu Aussagen über Gott gelangen können.

[2] Dieser Beweis ist dem Kalâm entlehnt und ist der vierte der von Maimonides aufgezählten kalamistischen Beweise für die Einheit (Guide I, 74, 4. S. 424). Er entspricht demselben genau, denn auch dieser betont nur das Bewiesensein eines einzigen Schöpfers. Doch scheint ihn Bachja durch das Medium des Saadias aufgenommen zu haben, dem er hier fast wörtlich folgt. Bachja sagt: יותר מאחד לא יתקיימו דבריו אלא בראיה וולה und Saadias: אך מה שמוסיף עליו צריך אל ראיה שנית וולה הראיה הראיה שהבאנו ההיא (Em. II, 2. S. 42). Bachja hat hier mit richtigem Takte den zweiten und dritten Einheitsbeweis des Saadias, die in der That sich nicht von einander unterscheiden, zusammengenommen. Auch hier zeigt er dieselbe genaue Anlehnung an Saadias. So heisst es bei diesem (Em. a. a. O.): הבכל ניור בענין היה בה במה שאי אפשר בלעדיו אבל מה שמוסיף עליו אפשר הצרכנו להעלוה על דעתנו בלעדיו ואין צורך אליו und Khulich bei Bachja: שבורא אחד בראם כי אא בלעדיו במציאות המחודשים אך יותר מאחד אפשר בלעדיו ואין צורך אליו

[3] Vrgl. über denselben Beweis bei Johannes Damascenus Tiedemann, Geist der spec. Phil. IV, S. 43.

etwas haben, was der andere nicht hat, es muss also einen Unterschied zwischen ihnen geben. Nun könnte einer vom anderen nur durch den Mangel einer Eigenschaft sich unterscheiden und müsste dadurch begrenzt sein. Da aber begrenzt gleichbedeutend ist mit endlich, das Endliche aber zusammengesetzt[1] und das Zusammengesetzte geschaffen ist, so müsste

[1] Bachja trägt diesen Beweis in einer sehr ungewöhnlichen Weise vor. Auch dieser Beweis scheint dem Kalâm anzugehören. Maimonides (Guide I, 75, 2) führt ihn als zweiten Einheitsbeweis des Kalâm an, genannt التغاير ‚gegenseitige Verschiedenheit‘, aber in so unvollkommener Weise, dass man den Gang des Beweises im Kalâm kaum daraus erkennen kann, s. Mnnk z. St. Anm. 2. Saadias (a. a. O. S. 43) führt ihn in folgender knappen Form an: אם הם רבקים הם דבר אחד ואם הם נפרדים יש ביניהם דבר שליש׳, wo רבקים vielleicht den Sinn des arabischen مستجمعين لشرايط الإلهية (Mavâkif ed. Soerensen ۳۸) ‚in den Bedingungen der Gottheit gemeinsam‘ haben kann. Ob die Worte: יש ביניהם דבר שליש׳ den Sinn haben, dass bei vorausgesetzter Verschiedenheit beider Götter ein Drittes die Zusammensetzung beider einzelnen oder jedes von beiden vollführt haben müsste oder ob das Dritte als räumliches Trennendes aufzufassen sei, wie es in dem Fragmente Abraham ibn Esras heisst (Kerem Chemed IV., S. 4): עד הקר לב״י בשכלי אם יש אחד ואין שני לו ואדע כי שני גרמים בהשוותם הפאה התבדיל ביניתם והפרש בין שני מקראים אהזה באשר מצבן זה לא משכן זה ובדלי שני דברים חדשים ובשני רגעים הם מחודשים, lässt sich kaum entscheiden. Abraham ibn Daud a. a. O. S. 49 hat den Beweis bereits in der Form, in der ihn Maimonides als طريق فلسفي برهاني (I, 75, 2) verwerthet hat (Guide II. 1. S. 41), dass nämlich das Nothwendig-Existirende keinerlei Zusammensetzung ertrage, bei zwei verschiedenen Göttern aber nothwendig einer oder beide aus dem Wesen der Gottheit und einem trennenden Merkmal zusammengesetzt sein müssten. Die Fassung dieses Beweises, wie Abraham ibn Daud und Maimonides ihn anführen, scheint mir von Ibn Sina herzurühren, dem die Lehre vom Nothwendig-Existirenden überhaupt ihre Ausbildung verdankt. Schahrastani führt diesen Einheitsbeweis in der Darstellung der aristotelischen Lehren nicht als von Aristoteles, sondern ‚von den Vertheidigern seiner Lehre‘ herrührend an (Schahr. II, 161) und scheint darunter den Ibn Sina zu verstehen, da er in der Darstellung seiner Philosophie ausführlich die Lehre vom Nothwendig-Existirenden und diesen Beweis bespricht, a. a. O. II, 251–263. Betrachten wir nun den Beweis bei Bachja, so finden wir hier die Wendung, dass der Unterschied הפרש = التباين (Guide II, c. 1 f. 9 b.) eine Begrenzung hervorrufe, aus welcher durch eine Kette zum Theil gewagter Behauptungen Zusammensetzung gefolgert wird. Nur die Unbekanntschaft Bachjas mit der Lehre Ibn Sinas vom Nothwendig-

jeder dieser Götter geschaffen sein. Gott aber ist ewig und darum kann es nur Einen geben.

V. ‚Die Einheit, sagt Euklid, ist, nach welcher jedes Ding Eins¹ heisst' (Elemente VII, 1. Erkl.). So geht die Einheit dem Einen voran, wie die Wärme dem Warmen, denn ohne die Einheit könnten wir von keinem Dinge aussagen, dass es Eines sei. Unter Einheit aber müssen wir die absolute Einzigkeit verstehen, die ausschliessliche Alleinheit, neben der nichts existirt, mit dem sie zusammengesetzt sein oder Aehnlichkeit haben könnte, in der von Vielfachheit oder Zahl nichts vorhanden ist, bei der daher von Verbindung mit einem oder Trennung von einem Ding nicht die Rede sein kann. Das Viele ist eine Verbindung von Einheiten, kann daher nicht der Einheit vorangehen, da es aus ihr zusammengesetzt ist. Die

Existirenden und seiner absoluten Einheit, die selbst eine Zusammensetzung durch Ideen ausschliesst, kann es erklären, warum er in diesem Einheitsbeweise erst durch eine Reihe von Schlüssen auf einem langen Umwege dahin gelangen muss, wohin Ibn Sina und die nach ihm hierüber handelnden Denker durch eine einfache Erwägung gelangen. Bachja muss sich eben Mühe geben, eine Zusammensetzung aus der Verschiedenheit mehrerer Götter abzuleiten, er findet sie, nicht durch die Betrachtung des jedem derselben neben dem Gattungsbegriff eigenthümlichen Merkmals, wie Ibn Sina, sondern durch den Hinweis auf das nothwendig fehlende Merkmal eines jeden, das ihn zu einem unvollkommenen, begrenzten macht, ähnlich wie dies einige Kirchenväter ausgeführt haben. vrgl. Strauss a. a. O. I, 405, 8. Wenn man diesen Beweis Bachjas kalamistisch nennt, so bezieht es sich nur darauf, dass auch er der Form nach, wie der von Maimonides a. a. O. aus dem Kalâm angeführte von der ‚Verschiedenheit' ausgeht; ob er es dem Inhalt nach sei, können wir nicht sagen, da der des Kalâm inhaltlich nicht bekannt ist. Sicher ist nur, dass der Gedanke von der Zusammensetzung in der Fassung wie bei Ibn Sina im Kalâm nicht vorkam. Das beweist einmal das Urtheil des Maimonides (a. a. O. I, 75, 2) der für diesen Beweis eine andere Ausführung und andere Prämissen fordert, um ihn zu einem philosophischen zu machen, ferner und noch stärker aber der Umstand, dass er in der Fassung des Ibn Sina als durchaus den Philosophen angehörig von al-Îǵî angeführt wird:

اما الحكماء فقالوا يمتنع وجود موجودين كل واحد منهما واجب لذاته (Mawâkif ٢٧) und in den von ihm angeführten Beweisen des Kalâm nicht vorkommt.

¹ Falsch übersetzt hier Baumgarten: ‚die Einheit ist das, was man jedem einzelnen Dinge beilegt'.

Einheit muss jeder Vielheit vorangegangen sein, wie die Eins jeder Zahl, sie ist ihrem Begriffe nach das Erste. Es wäre somit selbst der, welcher mehrere Götter annimmt, zuzugeben gezwungen, dass die Einheit ihnen vorangegangen sein muss. So ist denn sie allein das Erste und Ewige oder Gott kann nur Einer[1] sein.

VI. Zwischen Gott und Geschöpf gibt es keine Aehnlichkeit[2], keinen Vergleich. Nun ist die Vielheit so wie die

---

[1] Dieser Beweis, der schon nach seiner Grundlage, ‚der abstracten, alle Vielheit von sich ausschliessenden Eins' sich als neuplatonisch ausweist, wird bei Plotin dazu benützt, von dem Urwesen jede Art der Vielheit abzuhalten: ‚Das Erste kann nicht das Viele sein, sondern nur das Eine, denn alle Vielheit ist eine Vielheit von Einheiten, und alles, was ist, ist nur durch die Einheit, was es ist', s. die Stellen bei Zeller (Ph. der Gr. III², 2, 424, A. 1 und 2). Dieser Gedanke und der Vergleich der göttlichen Einheit mit der Eins der Zahl kehren in den verschiedensten Wendungen bei den von neuplatonischen Ideen erfüllten lauteren Brüdern wieder. Zusammenfassend sagt daher von ihnen Dieterici: ‚In dem Wesen der Zahl, die aus der Eins hervorwächst, liegt der Hauptbeweis für die Einheit des Schöpfers' (Ztsch. der d. m. G. XVIII. S. 693). Dieser Beweis Bachjas ist von Mose ben Esra entlehnt worden דע כי האחדות הוא קודם הרבוי וקודם הכמות... האחד קודם באשר (Zion II, 122, 1), welche Stelle fast wörtlich übereinstimmt mit Bachjas Worten: האחדות קודמת לאחד בטבעה באשר נאמר כי החים קודם לכל דבר הם. Auch Josef ibn Zadik hat denselben Beweis: ואינו עובר בשכל להיות שנים קדומים שהאחד יקדם איתי היאיל... והאחד יסוד החשבון (Mikrok, S. 48). Auch er scheint Bachja benützt zu haben, wenn man nicht eher annehmen muss, dass alle drei aus der Encyclopädie der lauteren Brüder geschöpft haben.

[2] Bereits am Schlusse des dritten Einheitsbeweises hat Bachja alle Aehnlichkeit begrifflich von Gott ausgeschlossen. Auch definirt er im fünften den Begriff der Einheit dahin, dass jede Aehnlichkeit von ihr fernzuhalten sei. Er bedient sich daher dieses Gedankens in diesem Beweise bereits als Prämisse, wozu er freilich sehr wenig sich eignet. Denn entweder ist die Unvergleichbarkeit Gottes, wie Bachja es auch speculativ immer darstellt, eine Folge seiner Einheit, dann befindet sich Bachja, ohne es zu merken, in einem Zirkel oder er nimmt diesen Begriff aus der Offenbarung (מן הכתוב), dann ist der Beweis nicht speculativ. In der That ist dieser Beweis im Kalâm nicht für die Einheit, sondern für die Unkörperlichkeit Gottes gegeben worden. Es ist der zweite der von Maimonides aus dem Kalâm hierfür überlieferten Beweise, der auf der ‚Unmöglichkeit der Aehulichkeit (امتناع الشبه) beruht (Guide I, 76, 2). Auch Moses ben Esra hat in gleichem Sinne den Satz (Zion II, 117): אמר הפילוסוף הבורא הקדמון אינו דומה לדבר מנבראיו ואם הוא דומה אינו בורא.

Aussage über die Ganzheit ein Accidens der Substanz, genannt Quantität. In Gott, dem Schöpfer von Substanz und Accidenz kann es also keine Vielheit geben, er kann daher nur Einheit oder Einer sein.

VII. Nimmt man zwei Schöpfer an, so muss man annehmen, dass entweder jeder allein die Welt hätte schaffen können oder dass er sie nur mit Hülfe des Anderen zu schaffen im Stande war. Konnte einer sie allein schaffen, so war der andere überflüssig, konnte sie aber nur durch beide zusammen zu Stande kommen, so kann keinem ein volles Vermögen, vollkommene Kraft zugeschrieben werden, dann sind beide schwach, weil die Kraft keines von beiden für sich allein ausreichend ist. Schwäche aber ist begrenzte, endliche Kraft und setzt als endliche Zusammensetzung und Geschaffenheit voraus. Der schwache Gott ist also ein endliches, geschaffenes Wesen, das heisst: kein Gott.

Aber gesetzt auch, es bestünden zwei Götter neben einander, so könnte es möglicherweise zwischen ihnen Streit geben. Dann müsste aber nothwendig der Gegenstand dieses Streites, die Schöpfung und jeder einzelne ihrer Acte unvollkommen ins Dasein treten, während diese, weit entfernt von einer irgendwie hervortretenden Uneinigkeit, in allen ihren Theilen die vollste Harmonie zeigt, die so nur von einer einheitlichen Kraft herrühren kann. Wahre und beständige Leitung kann eben nur von einer Einheit herstammen. Darum sagt denn auch Aristoteles bei Gelegenheit des Einheitsbeweises: ‚Nicht gut ist's, wenn der Herrscher viele sind; Einer sei Herrscher'. So folgt denn auch hieraus, dass Gott nur Einer [1] sein könne.

Den Grundgedanken dieses Beweises, dass Gott durch Vielheit in die Sphäre der Körperlichkeit herabgezogen würde, kann man schon bei Aristoteles angedeutet finden. Metaph. XII, 8 beweist er die Einheit des obersten Princips aus dem Satze, dass alles Vielfache einen Stoff habe, ἀλλ'ὅσα ἀριθμῷ πολλὰ ὕλην ἔχει, vrgl. Zeller (a. a. O. S. 275, 276). Der erste Einheitsbeweis des Saadias (S. 42.) מפני שאם יוסיף על האחד יפול עליו המספר ויכנס תחת חקי הנשמים lässt sich mit diesem Satze zusammenstellen, wie diess bereits von Schmiedl, Studien S. 63, Anm. 1 geschehen ist.

[1] Der siebente Beweis ist, wie Maimonides (Guide I, 75, 5) sich ausdrückt, فرع من التمانع ‚ein Zweig der gegenseitigen Hinderung'. Wie schon

In diesen Beweisen[1] liegt zugleich mit dem Nachweis der Einheit Gottes die Widerlegung aller derer, die mehr als Einen Gott annehmen.

Munk (ib. 448, 1) bemerkt, haben Bachja sowohl wie Saadias den ersten und den fünften der kalamistischen Einheitsbeweise in Einen verschmolzen. Bei Saadias tritt allerdings der kalamistische Charakter des eigentlichen Hinderungsbeweises reiner als bei Bachja hervor. Saadias sagt (Em. I, 3; S. 43): ואם יהיו בוחרים ירצה אחד מהם להחיות גשם ורוצה האחר להמיתו ויתחייב שיהיה הגשם ההוא חי מת יחד, was genau dem von Maimuni a. a. O. 75, 1 gewählten Beispiele entspricht, wonach ein Körper kalt und warm zugleich sein müsste, wenn der eine Gott ihn warm, der andere kalt haben wollte, vrgl. auch Mavâkif ۴A. Bei Bachja S. 62 lautet der Beweis so: אפשר שתהיה ביניהם מחלוקת בבריאת הבריאים ולא היתה נגמרה מהם יציאת הבראים, wo jedes kalamistische Princip verschwunden ist, da nach dem Kalâm das Beispiel hätte schliessen müssen: ‚das, ist aber unmöglich, weil von zwei Gegensätzen die Substanz nothwendig mit einem derselben, als ihrem Accidens behaftet sein muss'. Uebrigens ist dieser Beweis auch von der Mu'tazila angenommen worden, wie sein Vorkommen bei dem Mu'taziliten Josef al- Başir beweist, der auch den vierten Einheitsbeweis Bachjas in der scheinbar echt kalamistischen Form hat, in der Abraham ibn Esra (Kerem Chemed IV, 4) ihn anführt, s. Frankl, ein mu'tazilitischer Kalam S. 25. Den fünften kalamistischen Beweis geben Saadias und Bachja völlig übereinstimmend, nur dass dieser in die Begründung eingeht, warum mit eintretendem Unvermögen die Göttlichkeit aufhöre, indem Schwäche Begrenzung, diese aber Geschaffenheit voraussetzt. Auch bei Josef ibn Zadik (Mikrok. S. 47) kommt dieser Beweis in derselben Gestalt vor; vrgl. Mavâkif a. a. O. Das Citat aus Aristoteles (Metaph. XII, 10, Ende), der bekannte Satz aus Homer: οὐκ ἀγαθόν πολυκοιρανίη · εἷς κοίρανος; ἔστω ist dem Schahrastani als Ausspruch Homers bekannt, nur glaubt er, dass die Verwerthung desselben für den Einheitsbeweis bereits von Homer herrühre, denn er sagt darüber: ‚er gibt darin aber auch einen Beweis für die Einheit Gottes, weil mit der Vielheit der Götter Widersprüche gegeben sind, welche die wirkliche Bedeutung der Göttlichkeit zerstören' (II. II, 142).

Von diesen sieben für die Einheit Gottes aufgestellten Beweisen sind die drei ersten positiv und direct aus der Betrachtung der Dinge abgeleitet, die vier letzten indirect, indem sie die Ungereimtheit in der Annahme von zwei oder mehreren Göttern nachweisen. Die Reihenfolge der drei ersten scheint von der Absicht bestimmt zu sein, immer den stärkeren Beweis folgen zu lassen und so eine Steigerung der Beweiskraft zu erzielen. Bei den vier letzten lässt der Grund ihrer Aufeinanderfolge unschwer sich einsehen. Zuerst wird nachgewiesen, dass nicht zwei Götter sein könnten, ohne dass einer oder beide durch Begrenztheit Körper würden; hierauf folgt der Nachweis, dass selbst bei dem Bestehen zweier die Einheit doch immer vorangegangen sein müsste und hierauf

Die Welt hat einen Schöpfer und dieser kann nur Einer sein; so viel ist durch Beweise festgestellt. Was heisst es aber: Gott ist Einer? Wir sagen auch von den mannigfaltigsten Dingen Einheit aus. Ist nun die Einheit des Schöpfers von derselben oder von anderer Art? Um hierauf antworten zu können, müssen die Einheit und ihre Arten einer genauen Untersuchung unterworfen werden (c. 8).

Man unterscheidet [1] uneigentliche oder accidentelle und eigentliche oder substantielle Einheit. Die accidentelle Einheit zerfällt ihrerseits wieder in zwei Arten:

> die Erwägung, dass die Mehrheit an sich schon die Göttlichkeit aufhebe, da sie diese zur Körperlichkeit hinunterziehe und endlich der Hinweis auf die Unverträglichkeit, die gegenseitige Hinderung, die zwischen zweien oder mehreren Göttern nothwendig bestehe.

[1] So nahe es liegt, die Quelle für diese Unterscheidung im Aristoteles zu suchen, so wenig ist sie in Wahrheit in demselben zu finden. Zwar scheidet er die Einheit in ein ἓν καθ' αὑτό und ein ἓν κατὰ συμβεβηκός, „aber das heisst, wie Herr Prof. Zeller brieflich sich ausdrückt, nicht: sie seien eigentliche oder uneigentliche, sondern: wenn wir zwei Dinge Eins nennen, so nennen wir sie so entweder an sich selbst, weil sie zusammen Ein zusammengesetztes Ding bilden, oder abgeleiteterweise, weil eins von ihnen dem anderen, oder beide einem Dritten, als Prädikat zukommen". Vergleichen wir die Aufzählung der uneigentlichen Einheiten bei Bachja und die des Aristoteles, so finden wir auch, dass dieser Einheit an sich nennt, was Bachja als accidentelle Einheit bezeichnen müsste, z. B. ein von einem Bande umschlossenes Bündel (Metaph. V, 6). Und selbst wenn Aristoteles (Metaph. X, 1) diese sowie alle vier Arten der Einheit dem Wesen und Begriff der Eins gegenüberstellt, also ausdrücklich jene von diesem zu scheiden scheint, so erkennt man doch bald, wie weit er von der substantiellen Einheit Bachjas entfernt ist, wenn er den reinen Begriff der Eins allen Maassen zuschreibt. Selbst dem Ibn Sina, der sich in der Bezeichnung der Dinge mit der wahren Einheit strenger erweist als Aristoteles (Schahr. II. 11, 249), und Abraham ibn Daud, der selbst die Eins der Zahl nicht wahre Einheit nennen will, war die Unterscheidung der Einheit, wie sie bei Bachja vorkommt, bis auf den Namen unbekannt. Sie scheint, neuplatonischen Ursprungs zu sein, da es ja in den Systemen der Neuplatoniker nicht fehlen konnte, alle Einheiten gegenüber der Einheit des Urwesens als uneigentliche darzustellen. Einen Beweis dafür kann man darin erblicken, dass die Araber diese Unterscheidung, wie sie es mit neuplatonischen Ideen zu thun pflegen, dem Pythagoras zuschreiben. „Die Einheit wird eingetheilt in die Einheit dem Wesen nach und in die Einheit dem Accidens nach; die Einheit dem Wesen nach nun gehört nur dem Schöpfer des Alls an, von welchem die

a. Die offenbar accidentelle Einheit. Es ist diejenige, die wir von Dingen aussagen, die ganz deutlich und sinnenfällig als Vielheit, Zusammensetzung oder Ansammlung sich darstellen. So nennen wir die Gattung Eine trotz ihrer vielen Arten, die Art trotz ihrer vielen Individuen, das Individuum Eines trotz seiner vielen Theile, das Heer trotz der zahlreichen Mannschaft und jedes Maass trotz der Vielheit des dadurch Gemessenen. Wiewohl jeder dieser Theile eine Einheit für sich darstellt, so bildet ihre Gesammtheit doch auch eine Einheit, weil jene in einer Beziehung einander ähnlich sind und darum sich vereinigen lassen. Eine solche Gesammtheit bildet also eine Einheit, die einerseits eins, andererseits vielfach ist. die Einheit kann ihr also nicht wesentlich sein, sondern nur als Accidenz zukommen.

b. Die nicht offenbar accidentelle Einheit. Es kann nämlich ein Ding äusserlich als Eines erscheinen und nichts von Vielfachheit oder Zusammensetzung merken lassen und dennoch gar wohl der Mehrheit unterliegen. So begründet die in allen Dingen vorhandene Zusammensetzung aus Stoff und Form oder Substanz und Accidenz eine Mehrheit, die sich in keiner Weise offenbar macht, wiewohl der Gegenstand durch sie der Endlichkeit, dem Entstehen und Vergehen, der Theilung und Zusammensetzung, der Trennung und Unterscheidung, dem Wechsel und der Verbindung unterworfen ist. So gibt es also als Eins bezeichnete Dinge, die gar wohl der Mehrheit zuzurechnen sind, da sie der Einheit zuwiderlaufen. Ihre Einheit ist aber, wie die jedes nur irgendwie der Mehrheit und Veränderung unterworfenen Dinges, eine accidentelle.

Auch die substantielle Einheit zerfällt in zwei Unterarten, und zwar sind dies:

a. Die ideelle substantielle Einheit. Es ist dies die Zahleinheit, die Wurzel und der Anfang[1] jeder Zahl. Sie bedeutet

Einheiten in der Zahl und dem Gezählten ausgehen", berichtet Schahrastani von Pythagoras (II. II, 99).

[1] Diese Bezeichnung der Eins ist bei den lauteren Brüdern eine stehende. „Der erhabene Schöpfer, sagen sie, ist vor allem Seienden, wie die Eins die Wurzel und der Anfang der Zahl ist" (Dieterici, Weltseele S. 6), vrgl. zum Gedanken, wie zu den Worten a. a. O. S. 42 und 141.

ein Erstes, vor dem es kein Anderes gegeben, weshalb auch im Schöpfungsbericht (Gen. 1, 5) statt der erste Tag Ein Tag gesagt wird, zum Zeichen dafür, dass es vor diesem keinen anderen gegeben. Alle übrigen [1] Zahlen sind auf der Eins aufgebaut, die Zahl wird daher auch definirt als eine aus Einsen zusammengesetzte Gesammtheit. Ideell aber ist diese Einheit, weil sie nur im Gedanken besteht, reale Existenz kommt dem Gezählten allein zu, nicht der Zahl.

b. Die reelle substantielle Einheit. In ihr ist nichts von Mehrheit, nichts von Wandelbarkeit und Veränderlichkeit, überhaupt sind die beim Körperlichen geltenden Aussagen auf sie nicht anwendbar. So darf sie nicht dem Entstehen und Vergehen unterworfen sein, nicht enden, sich fortrücken oder bewegen, ihr gleicht nichts Anderes und sie gleicht nichts Anderem und kann mit nichts in Verbindung treten. Sie ist eben die wahre, beständige Einheit, die Wurzel aller Wahrheit. Ihr kommt nicht Anfang und Ende zu, weil sie sonst dem Entstehen und Vergehen unterläge, sich also veränderte und dadurch nicht Eins bleiben könnte. Denn das sich Verändernde ist vor der Veränderung der Anfang [2] dessen, was später ein anderes

---

[1] Was Bachja (S. 61) mit den Worten ובן עד עשרה ... ובשהוא מונה יקרא שני ואחר כן ישוב אל האחד habe sagen wollen, ist zweifelhaft. Es scheint, als habe er seinen Gedanken, dass die Eins zur Bezeichnung eines Ersten, vor dem es kein gleiches Früheres gegeben, verwendet werde, an den ‚Zahlstufen' des dekadischen Zahlensystems erweisen wollen, da hier die Zehn-, die Hundert-, die Tausendzahl als Einheiten aus dem Grunde auftreten, weil vor denselben in der Reihe der Zahlen keine von gleicher Höhe vorkommt. Nach dieser Auffassung würden die Worte ואחר כן ישוב אל האחד den Sinn haben, dass die Zehnzahl wieder eine Einheit darstelle, da er früher nur die Zahlen bis zehn ובן עד עשרה betrachtet hat, ואחר כן also auf die Zehn selbst sich beziehen kann. Doch finden wir dieselben Worte in der Darstellung Schahrastani's von der Zahlenlehre des Pythagoras, in ganz anderem Sinne: ‚dann kehrt sie (die Zahl) zur Eins zurück und wir sagen ahada aschara (elf, un-decim)' (Schahr. II. II, 101). Nach dieser Stelle würden die Worte ואחר כן auf die Elf sich beziehen müssen. Die Worte וע'כ היה נדר המנין בלל מורכב מן האחדים sind eine Anführung der Euklidschen Definition von der Zahl (Elemente VII, Erkl. 2): ‚Eine Zahl ist eine aus Einheiten bestehende Menge'.

[2] כי הוא קודם ההתחלה לוילתו אחריה (S. 65). Der Wortlaut des Pariser und des Oxforder Originals bietet an dieser Stelle manche Verschiedenheiten. Das unserem Texte gewöhnlich entsprechende Oxforder Original hat die Stelle von ההויה ... וכל מה שהכנס an folgendermassen:

sein wird, es bleibt also nicht eines und dasselbe und enthält
so eine Mehrheit. Darum kann aber auch von Aehnlichkeit bei

وكل ما يدخله الكون والفساد فمتغير والغيرية
ضد الوحدانية وكذلك المشبه فى المشبه عرض وكل
معترض متكثر فالواحد الحق لا يلحقه شى من الاعتراض
فى ذاته بوجه فان قال قايل ان الوحدانية فى الواحد الحق
عرض قلنا ان معنى الوحدة فى الواحد الحق هو نفى
التكثر عنه فاذا (= באשר נספר האחד לא נספרהו) وصفنا الواحد
منها بصفة ...؟ بمعنى عدم التكثر والكثرة فالواحد الحق لا
يوصف بصفة توجب لذاته التكثر والتغير والتجزى
والاستحالة بوجه فهذا جميع القول فى الواحد المجازى
والواحد الحقيقى Hier fehlen also die schwierigen Worte: א״כ יהיה
יותר מאחד כי היא קדם ההתחלה לזולתו bis הרבוי. Die Pariser Handschrift hat
sie, wir lassen die Stelle mit ihnen beginnen: فهو (?) اكثر من واحد
اذا هو فى ما قبل الابتداء من غيره فى ما بعده فيجب
له التكثر وكذلك ان كان له شبيه فقد لزمه التكثر والتجزأ
لان الشبه فى المشبه به عرض وكل معترض ليس بواحد
حقيقى وليست الوحدة فى الواحد الحق عرض لان معنى
الوحدة نفى الكثرة عن كل معنى تلزمه حقيقة الوحدة
فالوحدة عكس الكثرة فالواحد الحق لا يوصف بصفة توجب
لذاته التكثر Hier fehlen die Worte: ובאשר נספר הוא לא נספרהו כי
אם בענין אפיסת הרבוי והרב, die die Oxforder Handschrift, wie wir sehen,
enthält. Bachjas Bemerkung, dass die Eins der Einheit kein Accidens sei und
daher wohl von ihr ausgesagt werden könne, wäre man versucht, für eine
Polemik gegen Ibn Sina zu halten, und dennoch scheint sie es nicht zu sein.
Allerdings ist es Ibn Sina, von dem die Behauptung herrührt, die Einheit
sei ein Accidens, vrgl. Munk (Guide I, 57. S. 233, 2). Maimonides stellt
sich in dieser Streitfrage auf die Seite des Ibn Sina (a. a. O.), während
Levi ben Gerson (Milchamoth V, 3, 12. S. 281) sich dem Averröes an-
schliesst und die Behauptung Ibn Sinas mit vielen, auch dem Aristoteles
(Met. III, 3) entlehnten Gründen widerlegt, vrgl. Joel, Lewi ben Gerson,
S. 70, A. 2. Diese Behauptung hat also, wie man sieht, in der jüdischen
Religionsphilosophie ihre Geschichte. Und doch ist sie es kaum, was
Bachja bei seiner Widerlegung im Auge hat. Man darf hierbei ein
Doppeltes nicht übersehen. Einmal spricht hier Bachja gar nicht von
der Einheit als einem Accidens, er braucht für seine Bemerkung die
Behauptung Ibn Sinas gar nicht zu kennen, er erklärt ausdrücklich, nur

dieser Einheit nicht die Rede sein, da ihr strenger Begriff jede Zusammensetzung und Mehrheit ausschliesst, die Aehnlichkeit aber als ein Accidens sie vermehrfachen würde. Wir können mit Einem Worte von dieser Einheit keine Eigenschaft aussagen, da diese neben seinem Wesen bestehend in dasselbe Mehrheit brächte. Man darf aber nicht so weit gehen und sagen, man könne demnach nicht einmal von dieser Einheit aussagen, dass sie Eins sei, weil auch diess eine Eigenschaft, ein Accidens ihres Wesens wäre, denn mit der Aussage ihres Einsseins haben wir nur ihr Wesen umschrieben und Mehrheit oder Vielfachheit davon ferngehalten, worauf unsere Aussage über sie sich beschränkt. Wie in dem bekannten Beweise für das Dasein Gottes (vgl. Maimonides a. a. O. II, 1) aus dem Vorhandensein der mit möglicher Existenz ausgestatteten, vergänglichen Dinge auf ein Wesen von nothwendiger Existenz geschlossen wird, so hat Bachja aus der in der Welt vorhandenen Mehrheit die reale Existenz einer substantiellen Einheit postulirt. Sie muss existiren, weil es ohne sie eine Mehrheit gar nicht geben könnte. Von Gott wissen wir bereits, dass er Einer ist, es gilt nur noch den Nachweis, dass es diese Art der Einheit ist, die ihm zukommt oder richtiger, dass beide, Gott und diese Einheit zusammenfallen. Bachja führt diesen Nachweis auf zweierlei Art.

Wodurch entsteht ein Zusammengesetztes? Durch getrennte Theile, durch Mehrheit. Wodurch besteht ein Zusammengesetztes? Durch zusammenhängende Theile, durch Einheit. Trennung und Zusammenhang, Mehrheit und Einheit sind die zwei Principien, durch die jede Zusammensetzung zu Stande kommt. Die Welt erweist sich in allen ihren Theilen als Zusammensetzung, ihre Principien müssen daher Einheit und

---

von der Eins der substantiellen Einheit zu sprechen שהאחדות באחד האמת מקרה, die man nicht in übertriebener Auffassung von dem strengen Begriffe der Einheit für ein Accidens halten dürfe und darum getrost aussagen könne. Ferner ist aber hier auch gar nicht der Ort, wo die Besprechung der Lehre Ibn Sinas über die Einheit ihren Platz zu finden hätte, da hier von Gott noch gar nicht die Rede und die substantielle Einheit uns noch ein Ding neben ihm ist. Vielmehr wäre, wenn Bachja von dieser Lehre wirklich Kunde gehabt hätte, in der Entwickelung der göttlichen Eigenschaften davon zu reden gewesen, wie denn in der That auch Maimonides und Lewi ben Gerson bei Gelegenheit derselben darüber gesprochen haben

Mehrheit sein. Was ist nun die Ursache dieser beiden? Die Mehrheit kann es nicht sein, denn sie folgt begrifflich der Einheit, sie ist das Spätere, wie die Zahl später ist als ihre Wurzel, die Eins. Eine erste Ursache müssen sie haben, denn die Ursachen können nicht ins Unendliche gehen. Einheit und Mehrheit können es auch nicht sein, denn Einheit und Mehrheit können doch unmöglich Einheit und Mehrheit geschaffen haben, nachdem kein Ding sich selber macht. Da nun weder die Mehrheit allein, noch beide zusammen die Ursache beider sein können, so bleibt allein die Einheit als solche übrig. So ergibt sich uns von der einen Seite als Ursache der beiden obersten Principien [1] der Welt und mithin der Welt selbst die Einheit, von der anderen Seite hat sich uns bereits Gott als Ursache [2] der Welt ergeben, woraus denn klar hervorgeht, dass Gott die Einheit ist.

Was wir an einem Dinge als Accidenz antreffen, muss bei einem anderen substantiell anzutreffen sein, so zwar, dass es nur mit dem Aufhören des Dinges von ihm weicht. So ist an warmem [3] Wasser die Wärme Accidenz, am Feuer Substanz. Es muss aber auch dieses Accidens von jenem Dinge herrühren, in dem es als Substanz sich findet, wie denn auch warmes

---

[1] Bachja hätte hier, wenn ihm die Lehre Gabirols, dass die Vielheit auf die Seite der Materie, die Einheit auf die der Form falle (Mélanges S. 115, 116, V, 33 und 47), bekannt gewesen wäre, leicht den scheinbaren Widerspruch lösen können, der darin liegt, dass er (c. 7, 1) Materie und Form, hier wiederum Einheit und Vielheit als oberste Principien der Welt darstellt.

[2] Bachja beruft sich hierfür nicht auf den Beweis für das Dasein des Schöpfers (c. 6), sondern auf den ersten Einheitsbeweis, weil aus diesem hervorging, dass nach dem Gesetze der an Zahl immer mehr abnehmenden Ursachen die letzte Ursache Eine sein müsse, was mit dem von dieser Seite sich ergebenden Beweise, dass das oberste Princip der Welt die Einheit sei, zusammenstimmt.

[3] Die Prämisse für diesen Beweis Bachjas können wir in einem Ausspruche der lauteren Brüder finden: „Das Feuer schüttet Erwärmung auf die Gegenstände um sich her aus, somit ist Wärme dem Feuer substantiell und die es herstellende Form. Ebenso besteht der Erguss des Wassers im Befeuchten und Benetzen der demselben benachbarten Körper, die Feuchte ist dem Wasser substantiell, sie ist die sein Wesen herstellende Form' (Dieterici, Weltseele S. 142).

Wasser seine Wärme vom Feuer, feuchte Dinge ihre Feuchtigkeit vom Wasser, dem diese substantiell ist, entlehnt haben. Alle Dinge in der Welt haben eine accidentelle Einheit, es muss also die Einheit in einem Dinge Substanz sein, aus dem denn auch jene ihre Einheit als Accidenz entlehnen. Die Dinge in der Welt rühren aber mit Allem, was sie haben, von Gott her, auch ihre Einheit stammt aus ihm, Gott muss also die substantielle Einheit sein.

Nur die uneigentliche Einheit ist es, die wir allen Dingen in der Welt zuschreiben können, seien es nun Gattungen, Arten, Individuen, Substanzen, Accidenzen, höhere oder geistige Wesen. Denn sie alle enthalten eigentlich eine Vielheit und werden nur mit Rücksicht auf ihre Zusammensetzung oder darauf, dass sie in einer Beziehung gleiche Theile umfassen,[1] eins genannt, wie sie denn auch in der That allen Accidenzen der Körperlichkeit unterworfen sind. Gott allein kommt die eigentliche Einheit zu, in ihm ist sie Substanz und von ihr trägt alles Geschaffene seine accidentelle Einheit zu Lehen.[2] Gott allein ist die wahre Einheit, keiner kann es neben ihm sein, alle Bestimmungen,[3] die von der substantiellen Einheit gelten,

---

[1] Ibn Sina, der diese Unterscheidung der Einheit nicht kennt, spricht sich doch über die Aussage der Einheit in einer Weise aus, die Bachjas Worte verdeutlichen kann: ‚Das Eine durch die Zahl ist so beschaffen, dass darin entweder Vielheit der Wirklichkeit nach ist, so dass es Eines ist durch die Zusammensetzung und die Vereinigung, oder dass das nicht der Fall ist, sondern Vielheit der Möglichkeit nach darin ist, so dass es Eines ist durch den Zusammenhang' (Schahr. II. II, 149).

[2] Hier zeigt sich noch deutlicher die Uebereinstimmung des von Bachja über die Einheit Vorgetragenen mit dem von Pythagoras angeführten Ausspruche: ‚Die Einheit wird eingetheilt in die Einheit dem Wesen nach und in die Einheit dem Accidens nach; die Einheit dem Wesen nach nun gehört nur dem Schöpfer des Alls an, von welchem die Einheiten in der Zahl und dem Gezählten ausgehen' (Schahr. II. II, 99). Auch nach Bachja geht die Einheit der Dinge von Gott aus.

[3] Wenn wir auch lange vor Bachja bei Juden und Arabern Aeusserungen über Gottes Einheit antreffen, die diese in möglichster Reinheit zu fassen sich bemühen, so reichen sie doch bei weitem nicht an das heran, was Bachja von dieser Einheit fordert. So sagt z. B. schon David ben Merwan al-Mokammez: ואנו אומרים כי הקב״ה הוא אחד לא כאחד שהוא מפין
גדול ולא באחד שהוא אחד במין קטן ולא כאחד במין ולא כאחד ביצירה אבל
הוא בדרך הפסיפה הנבונה שאין בה שום הילוף ולא ריבוב והוא אחד בכבודו

gelten daher auch von ihm, alles, was von ihr ferngehalten werden musste, ist auch von ihm fernzuhalten, jede Aussage, die als auf sie unanwendbar befunden wurde, darf auch auf ihn nicht angewendet werden. Alle Dinge in der Welt sind in einer Beziehung eins, in einer anderen vielfach, Gott allein ist in allen Beziehungen Einer, er ist die Einheit schlechthin.[1]

Die von jeder Art der Vielheit freie Einheit ist für Bachja Gott. In der Frage nach dem Wesen Gottes können wir aus dieser Begriffsbestimmung nicht erfahren, was Gott ist, sondern allein, was Gott nicht ist.[2] Sie schneidet uns auch von vornherein den Weg ab, zu positiv lautenden Bestimmungen über Gottes Wesen zu gelangen. Denn, mitten in diese Welt hineingestellt, können wir nur mit den aus ihr entnommenen Begriffen und Vorstellungen ein Ding uns begreiflich machen, die Einheit Gottes hat aber nichts, was dem Geschaffenen ähnlich wäre, nur nach den Kategorieen des Seins können wir Etwas bestimmen, diese haben aber auf jene Einheit keine Anwendung.

Bachja ist in der jüdischen Religionsphilosophie der Erste, der das Wesen Gottes in dieser Weise auffasst, es mit der Einheit zusammenfallen lässt. Nicht von seinen jüdi-

---

(Orient 1847, Lb. 620) ואן שני שדומה לו. Aehnlich lauten die Aeusserungen Josef al-Baṣirs, vrgl. Frankl a. a. O. S. 25. ‚Ich glaube, dass Gott Einer sei nicht im Sinne der Zahl, sondern in dem Sinne, dass er keine Gefährten habe', heisst es bereits in einem aus dem zweiten Jahrhundert H. stammenden arabischen Katechismus (Kremer a. a. O. S. 40). So rein auch diese und besonders des Mokammez Aeusserungen klingen, die Einheit, wie sie Bachja fasst, ist doch eine abstractere, ja eine ganz andere.

[1] So sehr auch die Bezeichnungen der Einheiten bei Plotin der Sache nach dasselbe wie die Bachjas besagen, das ἕν ἐφ'ἑαυτοῦ dem העצמי אחד, das τὸ μή'ἄλλου ἕν dem המקרי אחד entspricht (s. Zeller a. a. O. III[2], 2, 426, 3), so sind die gleichen Termini dennoch nicht bei ihm anzutreffen. Nur für האמת אחד hat auch er den Ausdruck τὸ ἀληθῶς ἕν, eine Bezeichnung, die in der sog. Theologie des Aristoteles für Gott als stehender Ausdruck gebraucht worden zu sein scheint. الواحد الحق heisst Gott in der arabischen Uebersetzung dieses Buches und ebenso bei Bachja, vrgl. Munk, Mélanges S. 248, Anm. 3 und S. 264, Anm. 2.

[2] Diese aus dem neuplatonischen Begriffe von Gottes Einheit nothwendig hervorgehende Folgerung haben Plotin sowohl, wie Proklus ganz ausdrücklich gezogen, vrgl. Zeller a. a. O. 436, 1 und 715, 3.

schen Vorgängern,[1] nicht von den arabischen Peripatetikern,[2] aus dem neuplatonischen[3] Ideenkreise allein kann er diesen Gedanken entlehnt haben. Mit diesem Gedanken war das Wesen Gottes in jene überschwengliche Höhe mystischer Unerreichbarkeit hinaufgerückt, zu der die ahnende Seele sehnsuchtsvoll emporschaut, mit den Kräften ihres Denkvermögens aber nicht emporzudringen vermag.

Nach der im Kalâm gebräuchlichen Darstellung der Lehre von Gott hätte Bachja auf den Nachweis der Einheit die Be-

---

[1] Sowohl die Ausführungen des Saadias (Em. II, 2, 3), wie die Aeusserungen des Mokammez über die Einheit Gottes gehen von der bekannten mu'tazilitischen Forderung aus, Gottes Wesen von jeder Vermehrfachung freizuhalten, von einer Identification Gottes und der Einheit kann bei ihnen keine Rede sein. Die Worte des Mokammez (Lb. 47, 643): לפי שהוא ישתבח שמו יחידות הישות לא מתחלף ולא מתחלק ולא מרוכב ילא מחובר wollen bloss Einheit des Wesens von Gott aussagen, nicht ihn die wahre Einheit nennen.

[2] Sowohl die Aeusserungen Alfarabis (Schmölders, Documenta S. 46) als die Ibn Sinas über diesen Gegenstand beweisen, dass sie nur aus der Annahme des Nothwendig-Existirenden, eines Begriffes, den Bachja gar nicht kennt, die Einheit Gottes ableiteten. Für Ibn Sina geht dies besonders aus der Stelle hervor, wo er über die Einheit des Nothwendig-Existirenden am ausführlichsten sich ausspricht: ‚Es ist .. vollkommen in seiner Einzigkeit, Eines von Seiten des Vollkommenseins seiner Existenz, Eines in der Beziehung, dass seine Begriffsbestimmung ihm zukommt, Eines in der Beziehung, dass es nicht getheilt wird durch das Wieviel und durch die Bestandtheile, welche es constituiren, auch nicht durch Theile der Begriffsbestimmung, Eines in der Beziehung, dass jedem Dinge eine Einheit und dadurch Vollkommenheit seiner wesenhaften Wahrheit zukommt, und Eines in der Beziehung, dass seine Rangstufe seitens der Existenz, nämlich die Nothwendigkeit der Existenz, nur ihm allein zukommt' (Schahr. II. II, 253).

[3] Plotins Aeusserungen über die absolute Einheit Gottes (τὸ πάντως ἕν = הבורא אחד מכל פנים bei Bachja c. 9, Ende) haben mit denen Bachjas so viel Uebereinstimmendes, dass an dem neuplatonischen Ursprung der Lehre von der Einheit Gottes bei Bachja nicht gezweifelt werden kann. Mag auch Plotin selbst niemals ins Arabische übersetzt worden sein (Munk Mélanges 240; Renan, Averroes et l'Averroïsme S. 71, 1), so ist doch die Bekanntschaft der Araber mit dem neuplatonischen Schriftthum eine so wohl bezeugte Thatsache (Schahr. II. II, 192—197; 429, Munk a. a. O. Schmölders Essai S. 98, Steinschneider, Al-Farabi S. 115, 50), dass die Abhängigkeit Bachjas von den Neuplatonikern nichts Auffälliges haben kann.

weise für die Unkörperlichkeit Gottes müssen folgen lassen. Und doch suchen wir eine Behandlung gerade dieses Punktes bei ihm vergebens. Warum er sie zu geben unterlassen hat, kann keinen Augenblick zweifelhaft sein; sie wäre nach seiner Auseinandersetzung über die göttliche Einheit nur überflüssig gewesen. Gott ist die Einheit, in der es nicht einmal eine Aehnlichkeit mit dem Geschaffenen geben kann, weil diese Zusammensetzung, Vermehrfachung in sein Wesen hineinbringen würde. Von diesem Wesen noch nachweisen, dass es kein Körper sein könne, hiesse die hohe und reine Auffassung von der Einheit nur beeinträchtigen. Mit der Einheit ist bei Bachja auch die Unkörperlichkeit Gottes bewiesen.

Weit entfernt, auch nur die Möglichkeit für die Annahme einer Körperlichkeit Gottes übrig zu lassen, birgt dieser überschwengliche Begriff der Einheit die Gefahr, das Wesen Gottes dem Bewusstsein des Menschen zu entrücken und durch Unbegreiflichkeit zu verflüchtigen. Wir wissen Gott und sollen doch nichts über ihn wissen können, wir bekennen ihn und sollen ihn nicht erkennen dürfen, wir fühlen uns gedrungen, die Fülle seiner Vollkommenheit in Bestimmungen auseinanderzulegen und so uns fassbar zu machen und mit jeder unserer Aussagen sollen wir seine Einheit verletzen, sein Wesen in die Endlichkeit herunterziehen. Nur durch Bestimmungen begreifen wir ein Ding, das Bestimmungslose ist uns unbegreiflich; sollen wir ein Bewusstsein von Gott haben, dann müssen wir etwas von ihm aussagen können. Raubt uns aber nicht der strenge Begriff von der Einheit jede Möglichkeit, zu Aussagen über Gott zu gelangen? Diese Frage muss beantwortet werden und hiermit ist Bachja bei jenem Gegenstande angelangt, der die Schulen des Islâm sowohl wie die jüdischen Religionsphilosophen so lebhaft beschäftigte, der Lehre von den göttlichen Eigenschaften.

Bachjas Lehre von den göttlichen Eigenschaften.

Auf welchem Wege gelangt die Vernunft zur Erkenntniss von dem Dasein Gottes? Durch die Betrachtung der Welt, durch den Rückschluss von dem Geschaffenen auf einen

Schöpfer. Auf demselben Wege gelangt aber auch der Mensch zu Aussagen über Gottes Eigenschaften, denn aus der Art des Gewirkten schliesst er auf die Art des Wirkenden und nach den verschiedenen Gesichtspunkten, unter denen die Welt sich ihm darstellt, glaubt er, verschiedene Seiten im Wesen des Schöpfers bezeichnen zu können. Mannigfach,[1] wie die Schöpfungen Gottes und seine an diesen hervortretenden Wirkungen und Wohlthaten, sind nach Bachja (c. 10) die von den Menschen Gott beigelegten Eigenschaften. Und doch kann die Fülle sowohl der auf diesem Wege durch die Vernunft gefundenen, als auch der in der Schrift vorkommenden göttlichen Eigenschaften in zwei Gruppen zusammengefasst werden, in die 1. Wesens- und 2. Thätigkeitsattribute.

Wesensattribute sind diejenigen, die nicht aus dem Verhältniss Gottes zu seinen Geschöpfen abgeleitet ihm vor und nach diesen an und für sich zukommen. Nur drei solcher können wir Gott beilegen, es sind diess: Seiend, Einer, Ewig. Ihnen ist vornehmlich die Bedeutung zuzuschreiben, dass sie den Gottesbegriff dem Bewusstsein der Menschen vermitteln und nahebringen. Sie sind allesammt auf speculativem Wege gefunden und aus sicheren Beweisen abgeleitet. Die Betrachtung alles Geschaffenen hat uns zur Annahme eines Schöpfers genöthigt, den wir seiend uns denken müssen, denn von dem Nichtseienden kann keine Wirkung ausgehen. Die Schöpfung hat uns zur Annahme einer letzten Ursache hingeleitet, vor der es keine frühere geben kann, so mussten wir denn Gott ewig nennen. Ebenso haben entscheidende Beweise uns gelehrt, dass Gott Einer, ja dass er die von jeder Art der Vielheit freie Einheit ist.

---

[1] Mit diesem Gedanken Bachjas vergleicht sich auffällig eine Aeusserung, die von den Arabern dem Pythagoras zugeschrieben wurde: ‚Es erkenne ihn (den Schöpfer) jede der Welten nur nach Maassgabe der Wirkungen, welche in ihr zur Erscheinung kommen, so dass sie ihm Attribute beilege und ihn beschreibe nach diesem Maasse, welches ihr von seinem Wirken eigenthümlich ist, dass also den Existenzen in der geistigen Welt eigenthümliche geistige Einwirkungen eigen seien und sie ihm in Folge dieser Einwirkungen Attribute beilegen: es beschreibe ihn (den Schöpfer) also Jeder nach seinem (eigenen) Wesen und halte ihn heilig nach den Eigenthümlichkeiten seiner (eigenen) Eigenschaften' (Schahr. H. II, 98, 99). Bachjas Worte gewinnen durch diese Stelle an Klarheit.

Widerspricht aber nicht die Annahme dieser Wesenseigenschaften [1] der göttlichen Einheit? Bringt nicht die Mehrheit dieser Attribute eine Vermehrfachung [2] in Gottes Wesen hinein, das dadurch allen Accidenzen der Körperlichkeit unterworfen wird? Keineswegs. Einmal drücken diese Eigenschaften nichts Positives aus, dessen innere Unterscheidung Verschiedenheit und Zusammensetzung im göttlichen Wesen begründete, sie enthalten eigentlich nur Negationen, da sie das Gegentheil des durch sie Bezeichneten allein von Gott verneinen wollen; eine Mehrheit negativer [3] Bestimmungen bringt aber niemals eine

---

[1] Die Definition Bachjas von den Wesensattributen erweckt den Schein, als glaube er mit ihnen etwas über das Wesen Gottes in seinem Anundfürsichsein und seiner Trennung von der Welt ausgesagt zu haben. Dass aber Bachja dies nicht geglaubt habe, geht aus seiner eigenen späteren Darstellung sowohl wie aus der Sache selbst hervor. Wie sollten auch diese Eigenschaften über das Wesen Gottes, abgesehen von seinem Verhältniss zur Welt etwas aussagen können, da sie doch nur auf dem Wege der Betrachtung der Welt gefunden wurden? Sie bedeuten aber in ihrer Gegenüberstellung zu den Thätigkeitsattributen in Wahrheit nur das, was in der christlichen Dogmatik die quiescentia gegenüber den operativa bedeuten (vrgl. Bretschneider, Handbuch der Dogmatik I, 478), solche Attribute nämlich, in denen kein Begriff der Thätigkeit liegt, die also Gott unabhängig von den seine Einwirkung erfahrenden Geschöpfen darstellen. Von dieser Seite vornehmlich hat sie Bachja denn auch in der That in seiner Begriffsbestimmung aufgefasst.

[2] Wenn Bachja hier als die aus der Annahme mehrerer Eigenschaften hervorgehenden Folgen für das Wesen Gottes nur שער וחלקי angibt, so muss man bedenken, dass diese beiden nur die Anfangsworte der kurz vorher angeführten Accidenzenreihe sind, die aus der Mehrheit sich ergibt und die man hier zur Vervollständigung des Gedankens sich einfach ergänzen muss.

[3] (Em. ram. 53) ולא יתרבה הדבר בשלילה sagt in gleichem Sinne bündig und bestimmt Abraham ibn Daud. Wenn Bachja hier von jenen Bestimmungen, die er zuerst zu beweisen sich bemüht hat, behauptet, wir dürften nur im negativen Sinne sie aussagen, so ist das kein Widerspruch. So z. B. wenn er oben (c. 5, 6) das Dasein Gottes bewiesen hat und hier angibt, dass wir Gott nur in dem Sinne Seiend nennen dürfen, dass wir das Nichtsein von ihm leugnen. Ebenso entwickelt Albo (Ikkarim II, 1) dass es eigentlich nicht angehe, von Gott, über dessen Wesen wir nichts wissen können, Dasein auszusagen. Doch meint er, dass wir es nicht in Hinsicht auf sein Wesen, sondern nur insofern als alle Dinge von ihm herkommen, ihm beilegen. Also ist das Attribut: Seiend ein

Mehrfachheit in dem Gegenstande dieser Aussagen hervor. Ferner aber, und das ist das Wichtigste, sind diese Eigenschaften nicht einmal real unterschieden. Soll nämlich die göttliche Einheit inmitten einer Vielheit von Eigenschaften aufrecht erhalten werden, dann müssen diese die Forderung erfüllen, dass der äusseren Verschiedenheit ihrer Aussagen keine Verschiedenheit des Inhalts im Wesen Gottes entspreche, dass mit anderen Worten Gott z. B. durch seine Einheit da sei und durch seine Ewigkeit Einer sei.

Diese Forderung erfüllen sie aber in der That. So ist zugleich mit der Eigenschaft der wahren Einheit Sein und Ewigkeit mitgesetzt.[1] Denn dem Nichtseienden können

negatives, das nur leugnen will, dass Gott nicht ist. Die Thatsache des göttlichen Daseins liegt also darin ausgesprochen, nur dürfen wir nicht glauben, dass wir von Gottes Wesen damit etwas wissen. Mit anderen Worten könnte man sagen: Die Wesensbestimmungen sind Prädicate, nicht Attribute Gottes.

Die Unverträglichkeit einer strengen Auffassung der göttlichen Einheit mit der nothwendigen Annahme einer Vielheit göttlicher Eigenschaften hat in der Geschichte der Attributenlehre zu manchen Vergewaltigungen des gesunden Menschenverstandes führen müssen. Die innere Verschiedenheit der Eigenschaften wurde aufgehoben, jede Bestimmung musste wohl oder übel dasselbe wie alle anderen bedeuten und das, was für unsere Vernunft unvereinbar verschieden ist, sollte in Gott identisch sein. Daher kam Augustinus zu dem Ausspruch: eadem magnitudo ejus est quae sapientia ... et eadem bonitas, quae sapientia et magnitudo, et eadem veritas, quae illa omnia: et non est ibi aliud beatum esse, et aliud magnum aut sapientem, aut verum, aut bonum esse, aut omnino ipsum esse (de Trinitate VI, 7), in Bezug auf welchen Strauss (a. a. O. I. 541) mit Recht bemerkt: ‚Unter einer Gerechtigkeit, die dasselbe mit der Macht, oder einer Weisheit, die dasselbe mit der Ewigkeit sein soll, sind wir nicht mehr im Stande uns etwas zu denken‘. Und al-Aschari stellt an die Leugner der Attribute, d. h. an diejenigen die diese als Vielheit nicht anerkennen wollten, denn das Vorhandensein der Eigenschaften konnte ja füglich Keiner bestreiten, die Forderung, ihm zuzugeben, dass nach ihrer Ansicht Gott ‚durch sein Allmächtigsein wisse und durch sein Allwissendsein mächtig sei‘ (Schabr. H. I, 99). Der scharfblickende Mann hatte hiermit in der That den wunden Fleck der mu'tazilitischen Attributenlehre getroffen. Die jüdischen Denker haben zu solchen Gewaltthätigkeiten der an sich selbst verzweifelnden Vernunft sich nicht verstehen können, und durch scharfe Scheidung der Attribute in verschiedene Arten ist es ihnen gelungen, die Identification derselben nur auf die Wesensattribute zu beschränken, bei denen diese Maassregel geringere Schwierig-

weder Einheit noch Vielheit, als Bestimmungen des Wirklichen, beigelegt werden. Ebenso liegt in dem Begriffe der wahren Einheit die Ewigkeit, da Anfang, Endlichkeit oder Veränderlichkeit die Einheit durch Vermehrfachung aufhöben. Ebenso ist aber auch Einheit und Ewigkeit in dem Begriffe des beständig Seienden enthalten. Es muss

keit bietet, da sie als ‚analytische Bezeichnungen des göttlichen Wesens, welche im Grunde identisch sind' (Bruch, die Lehre von den göttlichen Eigenschaften S. 97), ihre Identität ohne Zwang erweisen lassen. Saadias hat in der jüdischen Religionsphilosophie zuerst diese Aufgabe gelöst und der Grundgedanke Bachjas in dieser Auseinandersetzung über die substantiellen Attribute ist ihm entlehnt. Bachja sucht die scheinbare Vielheit oder Dreiheit derselben dadurch zu beseitigen, dass er sie als Eines nachweist, das mit Einem Namen zu nennen darum nicht genügt, weil uns durch diesen nicht alle drei Seiten desselben auf einmal vorstellig würden (S. 72). So sind auch bei Saadias (Em. II, c. 4; S. 44) die Attribute: Lebend, Mächtig, Weise nur Auseinanderlegungen der einen Aussage: Schöpfer, die unserer Erkenntniss in jedem Augenblick als Einheit gegenwärtig sind: ואלה השלשה ענינים שבלבו לעינינו פתאים בלי מחשבה מביאה אחת. Auch Bachja sagt von ihnen: כמו שכולל אותם השכל. Diese Attribute sind also nicht vielfach in Gott, sondern allein in unserer Ausdrucksweise, daher sagt Saadias: לא נתבן ללשונותינו להגיעו בבת אחת כי לא מצאנו בלשון מלה מקבצת אלה הג' ענינים ונצטרכנו להליך עליהם בשלש המלות. Genau dasselbe sagt Bachja: והרבוי הנמצא במרות הבורא ית' איננו מצר עצם כבודו רק מצר קוצר כח מליצת המספר מהשיג ענינו במלה אחת שתורה עליו. Ein Muster für Bachjas Identification der Attribute liefert Saadias auch im Einzelnen, wenn er sagt: כי לא יעשה כי אם יכול ולא יכיל (ib.), כי אם חי ולא יהיה העשוי המתוקן אלא ממי שידע קודם שיעשה איך יהיה, wo also die Identität des Attributes Schöpfer mit allen Dreien und die Art, wie es diese enthält, nachgewiesen ist. Während aber bei Saadias die Attribute die Theile sind, in die wir die Inhaltsfülle des Begriffes Schöpfer auseinanderlegen, ohne dass jeder Theil auf alle übrigen schliessen liesse, stehen die Attribute Bachjas in so unlöslicher Verbindung, dass jedes die übrigen logisch aus sich hervorgehen lässt. Saadias hat nur Eine Bestimmung von Gott, die er in ihre Begriffe zerfällt, Bachja drei Bestimmungen, von denen aber jede die übrigen voraussetzt. Bachja hat die Methode und die Grundzüge für diese Darlegung dem Saadias entlehnt, die Sache selbst aber bedeutend weiter entwickelt und vertieft. Denn die Wesensattribute bei Saadias, wiewohl sie mit dem Wesen als durchaus Eins sich erweisen, lassen ihre Identität unter sich durchaus nicht so leicht erkennen, während ihre Identität bei Bachja, weil es eben bei ihm eigentliche Wesensattribute und nicht zum Theil Thätigkeitsattribute wie bei Saadias sind, streng logisch sich erweisen liess.

ewig sein, weil jeder Uebergang von Sein zu Nichtsein oder zu anderem Sein der Beständigkeit zuwiderliefe, im Begriffe des Beständigen die Anfangs- und Endlosigkeit liegt, es muss aber auch Eines sein, weil es als Beständiges immer da gewesen sein muss, das Viele aber an der Eins ein Vorangehendes hat, also begrifflich später kommt und somit einen Anfang hat. So schliesst aber auch endlich das Ewige den Begriff des Einen und des Seienden ein. Das Ewige ist Eines, weil es nur unter dieser Bedingung ewig sein kann, indem das Viele an der Eins seinen Anfang hat und ist zugleich seiend, weil ja das Nichtseiende weder ewig noch geschaffen sein kann.

So rufen also diese Eigenschaften weder Getrenntheit[1] im Wesen Gottes hervor, noch bringen sie Accidenzen oder Vermehrfachung in dasselbe, sie sind eben negative Bestimmungen, die noch dazu ein und dasselbe besagen. Allerdings umfasst jede dieser Bestimmungen den ganzen Begriff, da er logisch ganz aus jeder von den dreien sich ableiten lässt und dennoch konnte nicht eine allein zur Bezeichnung ausreichen. Denn nur logisch lässt aus Einer der ganze Begriff sich entwickeln, keineswegs hat aber Eine dieser Bestimmungen allein solche Kraft des Ausdrucks und so sicheres Bezeichnungsvermögen, dass die drei Seiten des vollen Begriffs sofort dadurch uns vor die Seele geführt würden. So musste denn das, was wir als eine Einheit erkennen, um ganz und voll es auszudrücken, in der Sprache in drei Bezeichnungen auseinandergelegt werden. Nicht eine im göttlichen Wesen wirklich vorhandene Vielheit[2]

---

[1] Was hier שני bedeutet, erfahren wir aus Saadias, der es so definirt (S. 45): שני ר"ל שיהיה זה זולת זה, also innere Verschiedenheit der Aussagen und ihres Inhalts in Gott. Auch er bestreitet, dass diese Attribute in Gott שנוי והשתנות erzeugen, da diese nur bei Substanzen und Accidenzen, nicht aber bei ihrem Schöpfer vorkommen können. Was Bachja רבוי בענינו nennt, heisst bei Saadias mit dem Schulausdruck der Mutazila בעצמו תוספת = زيادة على ذاته.

[2] Es könnte auffällig erscheinen, dass bei der Annahme ausschliesslich negativer Attribute, wie Bachja sie lehrt, noch der Versuch gemacht wird, die Vielheit der scheinbar positiven zu beseitigen. Man darf aber nicht vergessen, dass nicht allein scheinbar, sondern wirklich allen negativen Attributen ein Positives zu Grunde liegt, da eine leere Negation

hat also die Vielheit von Bezeichnungen zur Folge, vielmehr ist es die Schwäche der menschlichen Sprache, die das durchaus einheitliche Wesen Gottes mit den klar daraus hervorgehenden Bestimmungen in einem einzigen Ausdruck zu umfassen und anschaulich zu machen nicht im Stande war.

Hält man den Grundsatz von der Unvergleichbarkeit[1] Gottes unausgesetzt fest, so wird man auch die Bezeichnungen göttlicher Eigenschaften richtig beurtheilen. Man wird dann erkennen, dass den Attributen nur negative Bedeutung zuzuschreiben ist, dass sie gewöhnlich nur das besagen wollen, dass das Gegentheil des durch sie Ausgedrückten von Gott fernzuhalten sei. So sagt denn auch Aristoteles:[2] Die negativen Attribute Gottes sind wahrer als die positiven. Denn jedes

---

eben gar nichts aussagt (vrgl. Bruch a. a. O. S. 91; Bretschneider a. a. O. S. 478). Es bedarf also selbst bei negativen Attributen des Nachweises, dass die durch sie mitgesetzten Positionen keine Vielheit in Gott erzeugen, wie denn auch Abraham ibn Daud die Vielheit der negativen Attribute aus einem Schielen unseres Verstandes erklärt, dem die reine Einheit in eine Vielheit auseinandergeht, wie der Schielende ein Ding doppelt sieht (Em. Ram. S. 53, Weils Uebers. S. 67).

[1] Auch Saadias führt als fünftes Wesensattribut: die Unvergleichlichkeit Gottes an, das mehr ein Attribut der Attribute als Gottes selbst ist, indem es diesen den Charakter der Negation leiht und sie über die Sphäre des gewöhnlich durch sie bezeichneten Endlichen herausheben will.

[2] Der arabische Text lautet: السوالب من صفات الخالق تعالى
اصدق من الموجبات, wie Munk (Guide I, 239 Anm.) angibt, der diese angeblich dem Aristoteles entlehnte Stelle für apokryph erklärt. Möglich, dass sie in einer pseudoaristotelischen, von neuplatonischen Ideen erfüllten Schrift, wie es z. B. die Theologie des Aristoteles ist, diesem zugeschrieben erschien. Bachja scheint sie dem Mokammez entlehnt zu haben, bei dem sie so lautet: ואמר ארסטטלס הפילוסוף כי החדות המבחשות הן אמת וישר לאמר על הבורא יותר מן החדות המדרות (Orient 1847, Lb. 632; S. 76). Abraham ibn Daud führt diese Stelle ohne Nennung des Aristoteles zwar, aber als eine offenbar bekannte und canonartige an in der Fassung: דע שהמאמרים או התארים היותר אמתיים על האל ית' ית' אמנם הם השלילות (Em. ram. S. 51). Ibn Falaquera in מורה המורה S. 29 citirt die Stelle in wortgetreuer Uebersetzung des von Munk (a. a. O.) mitgetheilten arabischen Textes aus Bachja, woraus hervorgeht, dass die Aufführung aus Aristoteles bei Bachja (S. 72) sich bis zu den Worten לו והנה נאותות erstreckt. Das Citat bei Falaquera stammt vielleicht aus Kimchis Version.

positive Attribut kann nur entweder das einer Substanz oder
eines Accidens sein, dem Schöpfer von Substanz und Accidenz
kann aber keine ihrer Eigenschaften zukommen. So kann also
nur Negatives [1] von Gott ausgesagt werden.

Mussten die Wesensattribute als solche aufgefasst werden,
die nur Gott allein zukommen, so kann die zweite Gruppe
von Eigenschaften, die der Thätigkeitsattribute [2], Gott und den

---

[1] Die Lehre von den negativen Attributen, die neuplatonischen Ursprungs
ist (vrgl. Zeller III², 2, 436), haben von Al-Kendi an alle arabischen
Philosophen angenommen (Munk, Mél. 319, 320, 341 A. 1). Diese Lehre,
die Bachja vor Saadias auszeichnet, ist eigentlich der Sache nach schon
bei ihm vorhanden, da er die tiefe Einsicht ausspricht, streng genommen
würde nur das Sein allein הישות בלבד (S. 50) von Gott behauptet
werden können. In scharfer Ausbildung scheint sie Mokammez bereits
gekannt zu haben, wie dies besonders aus folgender Stelle hervorgeht:
אבל הענינים המטובח בהם השם לא נתפרדו במעניהם אלא מפני חילוק הענינים
הנרחקים ממנו כי בעת שאמרנו עליו חי הרחקנו ממנו מיתה ובשאמרנו עליו חכם
הרחקנו ממנו כסילות ואילות ובשאמרנו עליו שומע ורואה הרחקנו ממנו אלמות
ועורון (Orient 1847, Lb. S. 632). Bemerkenswerth ist es übrigens, dass in Spanien Leugnung der Attribute mit Orthodoxie bei den Arabern sich vertrug,
was nach dem eigentlichen Kalâm nicht statthaft ist. So bemerkt z. B.
Kremer (a. a. O. S. 39) von Ibn Hazm: „Im orthodoxen und glaubens-
eifrigen Spanien schrieb um 1058 der gelehrte und fromme .. Ibn Hazm
sein Werk über die Religionen und Sekten .. leugnet aber mit einer
Heftigkeit, die eines Mu'taziliten würdig wäre, die Attribute'. Wiewohl
also bei Juden und Arabern der Ansatz zur Lehre von den negativen
Attributen vorhanden war, so verräth deren Entwickelung bei Bachja
dennoch neuplatonischen Ursprung, wie auch schon die Aufstellung so rein
abstracter Wesensattribute, wie Sein, Einheit und Ewigkeit auf eine
philosophische Quelle schliessen lässt und speciell mit Proklus (s. Zeller
III², 2, 715) manche Verwandtschaft zeigt.

[2] Nach Schahrastani (H. I, 95) ist die Unterscheidung zwischen Attributen
des Wesens صفات الذات und des Thuns صفات الفعل neueren
Ursprungs. Jedoch wird im Fikh alakbar, einem um's Jahr 800 ge-
schriebenen arabischen Katechismus, diese Unterscheidung bereits angeführt und als Beispiele für die Thätigkeitsattribute werden „die
Schöpfung, die Ernährung, die Entwickelung, die Hervorbringung und
noch andere Attribute der Energie' daselbst aufgezählt (s. Kremer a. a.
O. S. 40). Auch bei Saadias finden wir diese Unterscheidung בין שמות
העצם ושמות הפעלים (Em. II, 8; S. 54). Blochs Einwände gegen diese Behauptung (Frankel-Grätz Mtsch. 1870, S. 407) habe ich in meiner Darstellung der Saadianischen Attributenlehre widerlegt. Bei Maimuni (Guide I,
c. 52) bilden die Thätigkeitsattribute die fünfte Abtheilung der Eigenschaften.

Geschöpfen gemeinsam sein. Während jene als Aussagen über Gott ohne Rücksicht auf sein Wirken sich darstellen, wollen diese gerade sein Verhältniss zum Geschaffenen und Gewirkten bezeichnen. Sie sind es, die am Häufigsten in der Schrift angewendet erscheinen. Sie umfassen zwei Arten von Bestimmungen: 1. Solche, die körperliche Gestalt und Aehnlichkeit Gott zuschreiben, wie Ebenbild, Mund, Hand, Ohr und alle Namen von Körpertheilen; 2. solche, die körperliche Bewegungen und Thätigkeiten von Gott aussagen, wie: Riechen, Sehen, Bereuen, Betrübtsein, Herabkommen, Gedenken, Hören, Erwachen und ähnliche Ausdrücke menschlicher Thätigkeiten. Die Alten haben in ihren Uebersetzungen sich bemüht, solche

---

Nach der genaueren Ausführung und Begriffsbestimmung (Guide I, c. 54; S. 218) sind diess vornehmlich die Ex. 34, 6, 7 aufgezählten göttlichen Eigenschaften, die das Wirken Gottes in der Welt kennzeichnen. So definirt auch Ahron ben Elia, hier übrigens treu dem Maimonides folgend, die תארי פעולות als solche, שבהם תדע הנהגתו וקשר הנהגתו על הנמצאות (Ez Chajim, c. 92, Ende). Nach der Aufzählung der darunter begriffenen Attribute in c. 93 הרחמים והחנינה והאריבות האף scheint es, dass nur seelische Affectionen als bildlich vorausgesetzte Bedingungen gewisser von Gott ausgehender Wirkungen darunter befasst wurden. Auch Jehuda Halewi im Kusari (II, 2; S. 87) definirt die מעשיות, wie sie dort heissen, als hergenommen von den durch Gott erfolgenden Thätigkeiten und führt ebenfalls nur innere Affectionen an, wie רחום וחנון וקנוא ונוקם. Merkwürdig und ganz ungewöhnlich ist daher bei Bachja der Gebrauch der מדות פעליות oder Thätigkeitsattribute, da er, was sonst nicht vorkommt, sowohl alle Eigenschaften körperlicher Gestalt wie physischer oder menschlicher Wirksamkeit und Affection zu ihnen rechnet. Welche Neuerung er besonders mit der Einbeziehung der declarativen Bestimmungen Gottes in die energischen oder Thätigkeitsattribute vollführte, kann man am Besten daran erkennen, dass der alte Kalâm im Fikh alakbar die Unterscheidung von Wesens- und Thätigkeitsattributen wohl kannte, von den declarativen aber in der bekannten Weise der Orthodoxen (Schahr. II. I, 96) spricht: ‚Wenn Gott im Koran das Antlitz, die Hand, die Seele erwähnt, so sind dies Attribute für ihn, ohne dass das Wie begriffen wird' (Kremer u. a. O. S. 42). Es lässt sich aber verstehen, inwiefern declarative Attribute doch Thätigkeitsattribute genannt werden können, indem jene nur mit Rücksicht auf gewisse nach menschlicher Analogie Körperliches zur Voraussetzung habende Wirkungen geäussert werden. Wenn die Eintheilung nach Wesen und Thun in der That alle Attribute befassen soll, so ist es sogar klar und nothwendig, dass die von Bachja angeführten körperlichen Eigenschaften und Aussagen in die letztere Gruppe verwiesen wurden.

Stellen geistig aufzufassen und die krasse Körperlichkeit solcher Ausdrücke möglichst abzustreifen, wie dies bereits Saadias in seinem religionsphilosophischen Werke, im Commentar zur Bibel und zum Buche Jezira [1] genügend ausgeführt hat. Das bedarf daher keiner weiteren Darlegung.

Wozu aber überhaupt solche Attribute, die hinterher doch wieder vergeistigt, in anderem Sinne gefasst, aufgehoben werden müssen? Lediglich der Nothwendigkeit, die Ueberzeugung vom Dasein Gottes in den Seelen zu befestigen, verdanken sie ihre Anwendung. [2] Nur weil es nöthig ist, dass der Mensch, wenn er Gott verehren soll, einen Begriff von ihm habe, dieser aber durch blosse Abstracta niemals zu erreichen ist, hat die Schrift lieber diese körperlichen Ausdrücke gewählt, die Allen

---

[1] Auf einige der hier von Bachja angeführten Stellen aus dem Pentateuch- und dem Jezira-Commentar beruft Saadias sich selbst zu wiederholten Malen (Em. I, 1; S. 20; II, 3; S. 44).

[2] Den tiefen Gedanken von dem Erziehungsplane des göttlichen Gesetzes, das zu Menschen sinnlich spricht und daher auch leibliche Ausdrücke über Gott nicht scheut, schreibt Bachja deutlicher und schärfer, als es in der Uebersetzung uns vorliegt, im arabischen Texte dem Saadias zu. Munk (Notice sur Saadia 44, 1) führt diese Stelle an. Anklänge an diesen Gedanken findet man auch bei den Arabern. So erklären die lauteren Brüder die ‚fleischlichen‘ Ausdrücke des Koráns in einer Bachjas Erklärung durchaus analogen Weise. ‚Alle Menschen werden angeredet, je nachdem es ihrer Vernunft- und Erkenntnissstufe, ihrem Erkenntniss- vermögen entspricht, da die Propheten sowohl für die Höheren als das Volk, sowie für Alle, die dazwischen stehen, reden‘ (Dieterici, Anthropologie S. 153). Genau so sagt Bachja (S. 74): על בן הד. צריך שתהיה המלות והעניינים כפי כח בינת השומע. ‚Er [der Prophet], heisst es bei den lauteren Brüdern weiter, stellte daher die Eigenschaften des Paradieses in seinem Buche körperlich dar, damit solche dem Verständniss der Leute nahe kommen, sie sich dieselben leicht vorstellen könnten und ihre Seelen danach Begierde hätten‘ (n. a. O. S. 154). Aehnlich sagt Bachja: כדי שיפול הענין על לבו על דרך הנשמות מן המלות הנשמיות בתחלה. Auch Ibn Sina setzt in ähnlicher Weise das Verhältniss von Offenbarung und Philosophie auseinander: ‚Die Offenbarung sei für alle Classen des Volkes und müsse daher in einer bildlichen Weise reden, in welcher sie für die Menge verständlich werde‘ (Ritter a. a O. 8, S. 26, 2). Den Grund Bachjas für die Thätigkeitsattribute, dass sie nämlich auf die allgemeine Fassungskraft berechnet waren, scheint Ahron ben Elia entlehnt zu haben, da er in gleicher Absicht von denselben absolut behauptet; אלא הישאלו לו כדי להבין השומע (Ez Chajim, c. 93).

verständlich sind, als eine rein abstracte Ausdrucksweise, die den Meisten, den Worten wie dem Inhalt nach, unverständlich hätte bleiben müssen. Dienen kann man nur dem, den man kennt, darum musste die Lehre von Gott, sollte sein Dienst[1] unter den Menschen bestehen, der Fassungskraft der Hörer sich anpassen. Der sinnlichen Ausdrucksweise ist der Zugang zu dem Verstande der Menschen erschlossen, war aber einmal eine Vorstellung von Gott gewonnen, so konnte ja deren Reinigung dann allmählich geschehen. Das Denken erkennt hinterher jene Attribute als blos näherungsweise und figürlich gebraucht und die Unmöglichkeit, Gottes Wesen nach seiner Erhabenheit zu begreifen. Der Denkende wird also, die Schalen[2] der Worte abstossend, zu immer klarerer Anschauung von Gott nach der Kraft seiner Einsicht vordringen, der Einfältige aber bei der leiblichen Vorstellung stehen bleiben, wobei er seine Unfähigkeit als Entschuldigung anführen kann, da über seine Kräfte hinaus von dem Menschen nichts gefordert werden darf, es müsste denn sein, dass er die Gelegenheit zu seiner Ausbildung sträflich verabsäumt hätte. Die körperlichen[3]

---

[1] Dass Bachja zur Gottesverehrung einen Begriff von Gott für nöthig hält, geht aus verschiedenen Stellen der ‚Herzenspflichten‘ hervor. IV, c. 7 Anfang; V, c. 4; S. 256 wo er noch deutlicher sagt: כל מי שאינו יודע את אדוני לא יעבדהו בלבו; VI, c. 6 Anfang. Vrgl. Abraham ibn Daud in Em. ram. S. 46.

[2] Aehnlich drückt Moses ben Esra sich aus: המשכיל ישים העינים מעשה ההעברות הנסות וילבשם מעטה נעמית עד אשר יניע בהם אל העין המבוקש כפי אשר תשיג יכולת האדם (Zion II, S. 137).

[3] Wie sehr bei der Beurtheilung Bachjas der Grundsatz festgehalten werden muss, dass er nur eine Einleitung zu seiner Ethik, nicht ein Compendium der Religionsphilosophie habe schreiben wollen, dass es ihm also lediglich darauf ankam, die Säule seines ethischen Baues zu befestigen, kann man am Besten an der Darstellung der Attributenlehre in diesem Capitel (10) erkennen. Er liebt es nicht in der Weise, die der Darstellung des Saadias einen so hohen Reiz verleiht, durch allerhand Einwürfe sich zu unterbrechen, es genügt ihm, den Gedanken, auf den es ankömmt, klar zu entwickeln, ohne den Leser durch Fragen und Einwände irre zu machen. Sehr gut kann man dies daran erkennen, wie er die Eintheilung der Attribute in wesentliche und energische von Saadia herübernimmt oder gleich ihm anwendet, ohne in die Frage einzugehen, die Saadias sofort sich stellt (Em. II, 8; S. 54), wie Thätigkeit, also Veränderung in Gott könne angenommen werden. Bei der Bedeutung, die

Attribute Gottes erweisen sich demnach als eine Nothwendigkeit, da der grössere Theil der Menschen, wenn die Schrift nur für die Einsichtigen ihre Ausdrucksweise einzurichten sich begnügt hätte, ohne Religion hätte bleiben müssen. Der sinnliche Ausdruck ist für Alle geeignet, da er der Auffassung des Denkenden nicht schadet, während er dem Unfähigen die Möglichkeit der Gotteserkenntniss verschafft oder belässt. Wie ein Mann, der seinen Freund und sein Vieh, die zu ihm gekommen sind, zu verköstigen hat, für das Vieh Futter in Menge, für ihn selbst aber nur das Nöthige und Ausreichende sendet, so hat die Schrift dem grossen Haufen reichliche Vorstellungsnahrung geboten, während die Verständigen mit dem Wenigen und Knappen sich begnügen und zur Erkenntniss Gottes gelangen müssen. Ueberhaupt hat die Schrift in subtilen philosophischen Fragen auf die Vernunft sich verlassen und mit blossen Andeutungen sich begnügt, wie z. B. bei der Frage nach Lohn[1] und Strafe im Jenseits, wie sie denn auch in Betreff der Wissenschaft vom Inneren,[2] des Gegenstandes von Bachjas Buche, auf Hinweise sich beschränkt hat. In Betreff Gottes und seiner Erhabenheit über jedes Attribut hat die Schrift eine genügende[3] Zahl von Andeutungen gegeben, die jede Verähnlichung und Verendlichung Gottes abzuwehren bestimmt sind. Die Schrift hat auf diese Weise es erreicht, dass die Kenntniss vom Dasein Gottes allen Menschen gemeinsam ist, wenn auch der Grad der Erkenntniss seines wahren Wesens bei verschiedenen Menschen ein verschiedener bleibt.

---

diese Frage von der Veränderung Gottes durch Thätigkeit beansprucht, wie dies z. B. aus Albo (Ikk. II, 3, 4) hervorgeht, würde man ohne diesen Gesichtspunkt über das Stillschweigen Bachjas gerade in diesem Punkte sich vergebens nach einem Grunde umsehen.

[1] Auch c. IV, 4; S. 234 sagt Bachja, die Lehre von der Vergeltung im Jenseits sei in der Schrift zum Theil ihrer Schwerfasslichkeit wegen nicht ausgeführt.

[2] Wie dies Bachja in der Einleitung S. 19—23 ausdrücklich nachgewiesen hat.

[3] Die von Bachja hierfür als Beleg citirten Verse stimmen mit den von Saadias (Em. II, 8: S. 49) angeführten überein. Die Verse (Deut. 4, 15—18) führt auch Abraham ibn Daud zu gleichem Zwecke an (Em. ram. S. 51). Die eigenthümliche Anwendung derselben ist dem Saadias (a. a. O.) entlehnt.

Aus dieser Erkenntniss von der Unmöglichkeit jeder Verähnlichung bei Gott erklärt sich die Erscheinung in der Schrift, dass Lob und Preis zumeist auf den ‚Namen' allein bezogen werden, weil Gott eben weder mit etwas zu vergleichen noch auch unter einem Bilde zu begreifen ist. Daher erscheint ‚der Name' in Verbindung mit Himmel, Erde und Winden, u. z. darum, weil wir durch diese sein Wesen erkennen. Neben der Thatsache des göttlichen Daseins ist uns eben nichts bekannt, was wir an Gott kennzeichnen könnten, als sein höchster Name. Der Name ist es daher hauptsächlich, auf den Preis und Lob [1] bezogen werden und der neben den Dingen genannt erscheint, die uns vorzüglich zum Bewusstsein von der Existenz Gottes hinführen. Jene Naturerscheinungen [2]

---

[1] Die Bemerkung, dass Gottes Lob und Preis sehr häufig seinem Namen (שם) erwiesen wird, rührt von Saadias her, der sie am Schlusse des zweiten Abschnitts (Em. S. 57) mit anderer Begründung als Bachja anführt. Sogar der Ausdruck für diese Bemerkung ist bei beiden fast derselbe. Bachja sagt (S. 76): מצאנו הספר הזה שהוא מיחס רוב שבחיו ותהלותיו אל und Saadias: וזה אשר תמצא במקומות מהספרים מן השבח והתהלה שם הבורא אינו מיחס אליו אך הוא מיחס אל ספוריו. Nach Saadias hat diess einen sprachlichen Grund שהוא גם כן ממעשה הלשון, nach Bachja den philosophischen, dass der Name allein es ist, was wir von Gott kennzeichnen können. Wenn nun Bachja aber behauptet 'ובל זה לגדל ולרומם עצם כבודו ית (S. 77), so nimmt er unbewusst Saadias Resultat, ohne seine Prämisse angenommen zu haben, denn bei Saadias hat diese Thatsache nach der Eigenthümlichkeit der Sprache wirklich den Zweck להגדיל ולהאדיר, was nach dem philosophischen Grunde Bachjas kaum der Fall sein dürfte, zumal diese Thatsache nach seiner Darlegung sich als nothwendig darstellt.

[2] Neu ist bei Bachja die Erklärung, warum Gott im Vereine mit Naturwundern und geschichtlichen Persönlichkeiten genannt zu werden pflegt. Es galt, Gott in Verbindung mit dem zu bezeichnen, wodurch uns ganz besonders seine Existenz klar ist, und dazu sind eben vornehmlich jene beiden geeignet. Diese ganze Stelle hat bei den Uebersetzern eine Reihe von Missverständnissen zu erleiden gehabt. Baumgarten, der die Worte והעלה בזה ‚Das hat den Grund' mit dem Satze: ‚womit er herausgehoben haben will' übersetzt (S. 32) und וְהָעֲלָה gelesen zu haben scheint, hat die Worte אשר ממט ידענוהו unübersetzt gelassen. Die Worte: ומציאותו נודע אלינו הרבה מצד אבותינו gibt er mit: ‚Seine Existenz ist uns bekannt von unseren Eltern aus' wieder (S. לג). Was bedeutet dann aber der darauf folgende Begründungssatz: Und das darum, weil er uns von dieser Seite bekannt ist? Das hiesse dann: Gott ist uns bekannt, weil er uns bekannt ist. Weiter übersetzt Baumgarten die Worte ואשר שנדע אליהם בעבור התיחדם: ‚Möglich hat er sich ihnen geoffenbart, weil sie in ihrer Zeit im

sind es aber vornehmlich, die zur Erweckung der Idee von
Gott geeignet sind. Sein Name erscheint darum neben ihnen
so häufig, ‚weil er von der Seite her uns bezeichnet wird, von
der wir sein Wesen erkannt und begriffen haben. Häufig wird
er auch in Verbindung mit den Namen der Erzväter angeführt',
was ‚wiederum darin seinen Grund hat, dass er uns dadurch
von der Seite her bezeichnet wird, von der wir ihn kennen,
d. h. der Tradition, oder auch darin, dass jene, die Erzväter
allein in ihrer Zeit seinem Dienste hingegeben waren, während
ihre Umgebung in Vielgötterei versunken war' (S. 77). Alle diese
Bezeichnungen sind nur Ersatzmittel dafür, dass uns Gottes
wahres Wesen unfassbar bleibt und nicht bezeichnet werden
kann. Um aber doch eine ungefähre Vorstellung von ihm zu
erwecken, wird er in Verbindung mit den auserlesensten Geschöpfen der beseelten und unbeseelten Natur genannt. Deutlich
bestätigt sich die Richtigkeit dieser Auffassung durch die Offenbarung Gottes an Moses (Ex. 3, 14—15), wo nach der Angabe

Dienste Gottes allein waren' und Fürstenthal (37 b): ‚Auch hat er sich
ihnen desswegen besonders zu erkennen gegeben, weil sie die Einzigen
waren, welche ihm dienten'. Wozu nun erstens die Begründung an dieser
Stelle, warum Gott den Vätern bekannt war? Welchen Sinn hätte ferner
diese Frage? Und was wird uns endlich darauf geantwortet? ‚Weil sie
in ihrer Zeit im Dienste Gottes allein waren.' Also wieder: Er war ihnen
bekannt, weil er ihnen bekannt war. Alle diese Missverständnisse lösen
sich jedoch, wenn man hier נודע in der richtigen Bedeutung als: kennt-
lich gemacht, bezeichnet werden, auffasst, welche sich = dem ar. خَصَّ
z. B. aus Kusari IV, 2 (S. 301, 1) dafür nachweisen lässt. Dann sagt Bachja:
Gott wird darum durch Verbindung mit den Erzvätern bezeichnet, entweder
weil wir ihn traditionell von ihnen her kennen, oder weil sie allein Gottes-
diener in ihrer Zeit waren, also etwas Ausserordentliches, ‚die erlesensten
der Geschöpfe'. Diesen letzteren Grund hat Jehuda Halewi angenommen.
Auch er bespricht die Frage, warum Gott in Verbindung mit manchen
Localitäten und Persönlichkeiten genannt werde. Er sagt: ויש שרומזים אל
הנביאים והחכמים החסידים כי הם ככלים הראשונים לחפץ האלהים (Kusari IV,
3; S. 307). Zu bemerken ist noch, dass in den Worten Bachjas ואסר
שנודע אליהם, wenn nicht das אליהם auf ungewöhnliche Weise = מצדם
aufgefasst werden soll, das Wort אליהם in אלינו geändert werden muss,
wie es bereits zweimal früher hiess, wozu dann stillschweigend und
selbstverständlich aus dem Zusammenhang מצדם ergänzt werden muss.
Zu dieser Auffassung der Stelle passen dann erst vorzüglich die alles
früher Gesagte zusammenfassenden Worte Bachjas am Schlusse über die
beiden zur Erkenntniss Gottes allein hinführenden Wege.

seiner wahren Wesensbezeichnung Gott noch einmal in Verbindung mit den Erzvätern genannt wird, weil nur diese Bezeichnung für das Verständniss des Volkes geeignet war, jene aber als zu abstract ihm unfassbar geblieben wäre. Der Gott der Väter, der Gott der Ueberlieferung war dem Volke verständlich, daher diese Bezeichnung und ebenso die durch Naturerscheinungen. Denn es gibt eben nur diese beiden Wege, zur Gotteserkenntniss zu gelangen: 1. die Betrachtung seiner in der Schöpfung hervortretenden Wirksamkeit, und 2. die Ueberlieferung von den Vätern her.

Sonst gibt es zwar drei [1] Wege, ein Ding zu erkennen: 1. den der sinnlichen Wahrnehmung; 2. den des Nachdenkens und logischen Schliessens, und 3. den der Ueberlieferung, bei Gott sind wir aber, da wir ihn nicht sinnlich wahrnehmen können, auf die beiden letzteren Wege allein angewiesen. Der zweite Erkenntnissweg, der aus dem in der Natur Gegebenen mit Hülfe logischer Schlüsse zu Aussagen über Gott sich erhebt, muss nach der Fülle der Verschiedenheit in der Schöpfung

---

[1] Auch Saadias zählt in der Einleitung (Em. S. 7) drei Quellen von Aussagen über die Dinge auf: I. Sinneswahrnehmung; II. Vernunfterkenntniss; III. Logische Beweiskraft. Diese drei entsprechen genau einer von den lauteren Brüdern gegebenen Eintheilung der Erkenntnissquellen: ‚Der Mensch .., welcher etwas findet, kann diess nur auf eine von drei Weisen thun. Er findet etwas auf, entweder durch eine Sinneskraft . . oder zweitens durch die Vernunftkraft, das ist durch Nachdenken, Anschauung, Verständniss, Unterscheidung, richtige Vermuthung und klaren Scharfsinn. — Endlich findet er auf durch zwingenden Beweis, d. i. der Weg der Hinweisung. Der Mensch hat keinen anderen Weg die Vernunftobjecte zu erfassen. — Auch bei dem Nichtvorhandenen gibt es die entsprechenden drei Wege' (Dieterici, Weltseele S. 38). Während aber Saadias als jüdischer Religionsphilosoph die Tradition als besondere und vierte Erkenntnissquelle aufzählt, als הגדרה הנאמנת, überschreitet Bachja die Dreizahl nicht, indem er die gewöhnliche dritte übergeht, sie vielleicht unter der zweiten befasst glaubt und an ihre Stelle die vierte des Saadias als ההגדרה האמתית והקבלה הנאמנת setzt, eine Anordnung, die ebenfalls bei den Arabern anzutreffen ist, so z. B. in Nasafi's Akâid (ed. Cureton; Anfang) und einem phil. Fragment bei Palmer (Catalog von Trinity College: Oxford S. 47). Der Zusammenhang, in dem hier Bachja die Aufzählung unserer Erkenntnissquellen mit unserer Gotteserkenntniss vorträgt, findet sich, freilich in ganz loser Fassung, auch in der erwähnten Stelle bei den lauteren Brüdern, die auch im Anschluss an ihre Erkenntnisstheorie über unser Wissen von Gott handeln.

eine Fülle der verschiedensten Attribute ergeben. In der That begegnet man in der Schrift den mannigfachsten Aussagen über Gott, von denen eben jede Gottes Verhältniss zu den Geschöpfen in einer anderen Beziehung auffasst. In der unendlichen Fülle der Geschöpfe und der an ihnen sich äussernden Wirkungen Gottes liegt aber zugleich die Ursache, dass wir nur einen geringen Theil der göttlichen Eigenschaften erfahren können, einen verschwindend geringen im Verhältniss zu ihrer Unendlichkeit. Gott durch Attribute darstellen oder preisen wollen, ist daher ein vergebliches Beginnen, das R. Chanina[1] bereits getadelt hat, als einst vor ihm ein Vorbeter Gott mit einer Menge von Eigenschaften belegte. So tadelt also schon der Talmud die Häufung der Attribute im Gebete als eine Herabsetzung Gottes, sei ja diess, als wollte man den, der eine unermessliche Zahl Goldmünzen besitzt, damit loben, dass er ebensoviel Silbermünzen besitze. Und doch ist die Betrachtung der Natur derjenige Weg, auf dem wir zu einer immer ausgedehnteren Erkenntniss von Gott gelangen, da wir nun einmal auf die Erforschung seiner Wirkungen, seiner Spuren allein angewiesen sind, von seinem eigentlichen Wesen aber nichts wissen können. Unser Bestreben muss daher mit aller Kraft darauf gerichtet sein, den Schöpfer aus seinen Spuren[2] im Ge-

---

[1] Diese Talmudstelle (Bab. Berakhot 33 b) scheint Bachja zuerst in der Lehre von den Attributen angewendet zu haben. Abraham ibn Daud benützt sie ebenfalls, führt sie aber nur zum Theil an (Em. ram. S. 57). Bei Maimonides ist sie zu besonderer Bedeutung gelangt, da er eine Reihe von Bemerkungen daran anknüpft und überhaupt ausführlich sie bespricht (Guide I, 59; S. 253, Anm. 3). Vielleicht hat Maimonides in seiner Schlussbemerkung, dass unsere Kenntniss der Eigenschaften von R. Chanina nicht mit einer geringeren Zahl von Gold-, sondern von Silbermünzen verglichen wurde, zum Zeichen dafür, dass Gottes Eigenschaften von einer ganz anderen Art seien als die ihm von uns beigelegten, die Anwendung dieser Stelle bei Bachja im Auge, der die von Maimonides in den Worten R. Chaninas gefundene Bedeutung nicht bemerkt und nur zum Belege dafür sie anführt, dass wir nur einen unendlich kleinen Theil von Gottes Attributen kennen, der zum Preise Gottes im Gebete sich nicht verwenden lässt.

[2] Aehnlich lautet ein Gedanke bei den lauteren Brüdern: ‚Auch machte es Gott zum Grundsatz in der Uranlage der Vernunft, dass sie (die Vernunft) zu schliessen vermöge, ein wohlgefügtes Werk könne nur von einem weisen Meister herrühren; auch liess er die Spur des Schaffens

schaffenen, nicht von seinem Wesen aus erkennen zu wollen. Wir stehen mitten in der Natur, in ihr ist er uns darum durch seine Wirkungen am Nächsten, in seinem Wesen aber ist er uns am Fernsten, weshalb auch Bild und Vorstellung von ihm uns nie gelingen wird. Erst dann, wenn wir das Unmögliche völlig aufgegeben haben, Gott uns vorstellen oder wahrnehmen zu können, ihn also aus dem Bereich der Phantasie und der Sinne ausgeschlossen [1] haben, als existirte er gar nicht, in seinen Spuren dagegen überall auf ihn treffen, als könnte er gar nicht von uns lassen, haben wir den Gipfel der für uns erreichbaren Gotteserkenntniss erstiegen. Diese unnahbare Erhabenheit des göttlichen Wesens, dessen Unerreichbarkeit wir immer mehr einsehen, je mehr wir in der aus der Schöpfung abgeleiteten Gotteserkenntniss fortschreiten, hat ein Denker ausgedrückt mit den Worten: Je mehr einer der Menschen Gott erkennt, desto mehr muss er ihm gegenüber in Verwirrung gerathen, und ein Anderer mit dem Satze: Der von Gott am Meisten Wissende ist der Unwissendste [2] in Bezug auf sein

---

im Geschaffenen bleiben'. (Dieterici, Naturanschauung S. 124). Auch den Ausdruck اثار Spuren finden wir im arabischen Wortlaut bei Bachja. Mit dem Gedanken vergleicht sich die Ansicht des Augustinus: „Je mehr wir die Geschöpfe erkennen, um so mehr erkennen wir den Schöpfer; aus der Schönheit des Werkes erkennen wir die Weisheit des Meisters' (Ritter, d. christl. Phil. I, S. 414).

[1] Ich folge in der Darstellung der Stelle (S. 80) dem arabischen Original, das nach der Pariser Handschrift hier so lautet: فينبغى لك يا اخى ان لا تضعف التضعيف بحقيقة الخالق تعالى من جهة اثاره لا من جهة ذاته فانه اقرب كل قريب من جهة اثاره وابعد كل بعيد من جهة ذاته وتمثيله وتصويره فاذا وصلت الى اخراجه من وهمك وحسك كانه لا وجود له ووجدته من جهة اثار فهمك كانك (كانه ا.) لا يفارقك فتلك غاية معرفته وقد قال بعض العلماء اعرف الناس بالله اشدّهم تحيّرا فيه وقال اعلم الناس بالله اجهلهم (اننهم) بحقيقة ذاته واجهلهم به اعلمهم بحقيقة ذاته.

[2] Dieser Satz wird auch von Moses ben Esra angeführt: ואמר אחד מן החכמים החכם מכל בני אדם בסוד הבורא הוא סכל מכלם ומי שהוא סכל מכלם בו היא (Zion II. 136). החכם בסוד הבורא اعلمهم بحقيقة ذاته. Die Ueber-

Wesen und der in Bezug auf ihn Unwissendste der am Meisten Wissende in Bezug auf sein Wesen..

Drastisch und anschaulich wird der Gegensatz zwischen der niederen, nach concreter Fassbarkeit verlangenden Anschauung von Gott und dem in unfassbaren Abstractionen sich bewegenden Denken über Gottes Wesen in einem Zwiegespräch zwischen einem Denker und einem Fragesteller dargestellt. Was ist Gott, frägt dieser. Einer, erhält er zur Antwort. Was für einer ist er, frägt er weiter. Ein grosser König, wird ihm geantwortet. Wo ist er, frägt er endlich. In der Beobachtung,[1] lautet die Antwort. Unbefriedigt über die Leerheit und Unfassbarkeit der Antworten ruft dieser aus: Darnach habe ich nicht gefragt. Aber der Weise bedeutet ihm, dass auf seine Fragen nur mit Aussagen geantwortet werden könnte, die auf das Geschaffene,[2] aber nicht auf den

---

einstimmung zwischen dieser Fassung und dem arabischen Wortlaut des Satzes bei Bachja beweist, dass die Tibbon'sche Uebersetzung (S. 81) ומי שאינו ידע אותו הוא סבור שיודע עצם כבודו mehr den Sinn als die Worte wiedergibt. Hiermit vergleicht sich auffällig das Wort des Augustinus: ‚Er wird besser im Nichtwissen gewusst, als im Wissen; die Seele hat keine Wissenschaft von ihm ausser im Wissen, dass sie ihn nicht weiss‘ (Ritter a. a. O. I. S. 412). Qui melius nesciendo scitur, cujus ignorantia vera est sapientia, sagt in gleichem Sinne Scotus Erigena, vrgl. Tennemann a. a. O. VIII, S. 86, 1. Bachja wiederholt denselben Gedanken in anderer Fassung als seine eigene Ueberzeugung: והכלית דעתך איתו שתודה והאמן (c. 10: S. 81) שאתה בתכלית הסכלות באמתת עצם כבודו, woraus zugleich noch eine Bestätigung für die Richtigkeit meiner Lesart im arabischen Original hervorgeht.

[1] Nach der Oxforder Handschrift lautet diese Stelle im Original: وسيل بعضهم عن الله فقال الله واحد فقال له السايل وكيف هو فجاوبه ملك عظيم فقال له واين هو فجاوبه وقال بالمرصاد فقال له السايل ليس عن هذا سألتك فقال له سوالك بهذه الالفاظ انما تقتضى الصفات اللايقة بالمخلوق لا بالخالق. Das Wort בالمرصاد ist mit בצפה treffend wiedergegeben und soll jenen Erkenntnissweg bezeichnen, der früher als Naturbetrachtung von Bachja gekennzeichnet und als der sicherste und lohnendste Weg empfohlen wurde.

[2] Achnlich lautet die Anführung einer Aeusserung der Philosophen über die Frage nach dem Was Gottes bei Mokammez: אין אדם רשאי לשאול על השם מהו מפני כי השאלה זו השאלה אינו שואל אותה אלא על דבר שיש לו גבולים וכל המתנבל נוצר (Orient. 1847. Lb. S. 620).

Schöpfer Anwendung haben, die wahre Aussage hier aber abstract sein müsse. Ein Weiser hat dieser Unfassbarkeit des göttlichen Wesens sogar im Gebete [1] Ausdruck geliehen: Gott, wo finde ich dich und doch wo finde ich dich nicht? Verborgen bist du, unsichtbar und Alles ist dennoch von dir erfüllt. Es bleibt also unsere höchste Gotteserkenntniss,[2] einzusehen und davon überzeugt zu sein, dass wir über Gottes wahres Wesen in der äussersten Unkenntniss uns befinden.

Im einem Werke, das wie Bachjas ‚Herzenspflichten' den Menschen in die engste Verbindung mit Gott setzen möchte, die Unfassbarkeit und Unerreichbarkeit Gottes in der überschwenglichsten Weise darzulegen, hat offenbar sein Missliches. Bachja ist in dieser Darlegung bis zu demjenigen Punkte vorgedrungen, wo dem in philosophischen Abstractionen ungeübten Menschenverstande das Wesen, das ihm der Inbegriff aller Wirklichkeit sein sollte, in ein unfassbares Nichts zu zerfliessen anfängt. Es gilt daher, dieses für den Gläubigen schmerzliche,[3]

---

[1] Aehnliche Aussprüche führt Moses ben Esra von Aristoteles und Sokrates, von letzterem sogar in Form eines Gebetes (בתחנוניו) an. Die Fassung, in der dieses Gebet bei Bachja auftritt, hat mit dem Anfange eines Gedichtes von Jehuda Halewi Verwandtschaft, wo es so heisst (Zion II, S. 135 Anm. 1): יה אנה אמצאך מקימך נעלם ונעלם ואנה לא אמצאך כבודך מלא עולם. Da diese Verse verbreitet gewesen zu sein scheinen, so dürften sie Bachja und Jehuda Halewi wohl aus derselben Quelle, nicht aber einer vom andern entlehnt haben. Vrgl. Göthes Faust (ed. Loeper I, S. 111).

[2] Auf diese Stelle scheint Maimonides anzuspielen, wenn er sagt, es sei über die Unfassbarkeit Gottes bei anderen Philosophen ausführlich gehandelt worden (Vrgl. Munk Anm. 3 zu Guide I, 59; S. 252). Einen mit dieser Aeusserung Bachjas fast ganz übereinstimmenden Wortlaut zeigt die Stelle, in der Maimonides die Uebereinstimmung aller Philosophen über den Punkt bezeichnet, dass ادراك هو العجز عن نهاية ادراك das Begreifen der Unmöglichkeit, Gott zu erkennen, unsere Erkenntniss von ihm ausmacht. Einer ähnlichen Ansicht begegnen wir auch bei Abraham ibn Daud: מציאותו יותר מבואר מכל מבואר ומהותו יותר נעלם מכל נעלם וביריעתנו שאין דרך לידיעת מהותו ואין דרך להכחיש מציאותו נדע כל מה שאפשר להשיג מאמתת מציאותו (Em. ram. S. 56).

[3] Wie wenig selbst denkende Gläubige von einer sinnlichen Vorstellung Gottes ablassen können, kann man aus den Nachweisungen bei Strauss (u. a. O. I, 551, 6) erkennen. Man wird es dem Abraham ibn Daud aus Posquières nicht verdenken, dass er gegen Maimonides Anathema wider alle Verpersönlichung Gottes in seiner bekannten Aeusserung auf-

ja gefährliche Bewusstsein, dass wir auf jede Vorstellung von Gott verzichten müssen, gar kein Bild von ihm in der Seele tragen dürfen, in etwas zu mildern, den Menschen damit vertraut zu machen. Bachja fühlt dieses Bedürfniss und lenkt darum ein, es zu befriedigen.

Wohl liegt im Menschen das Bestreben, Gott bildlich sich vorzustellen, aber das blosse Durchdenken der Beweise, die uns zum Bewusstsein seines Daseins gebracht haben, reicht hin, um sofort das Unmögliche dieses Bestrebens zu begreifen. Dass aber das Bewusstsein von der Wirklichkeit eines Dinges die Unmöglichkeit nicht ausschliesst, es sinnlich oder bildlich begreifen zu können, lässt sich annähernd richtig aus anderen Beispielen anschaulich machen. Wir haben eine Seele, daran zweifeln wir keinen Augenblick, wir kennen sie durch ihre Wirkungen. Wer hat aber jemals die Seele gesehen oder auch nur ein Bild von ihr sich vorzustellen vermocht? Mit der Vernunft[2] geht es uns ebenso, wir wissen ihr Dasein durch ihre Aeusserungen als eine Thatsache; sie sinnlich[3] wahrzunehmen sind wir nicht im Stande. Mit Recht sagt daher der Philosoph:[4] Wenn wir so an dem Begreifen der Seele schon verzweifeln müssen, um wie viel mehr beim Wesen Gottes!

---

getreten, sieht man erst, wie selbst die Fähigsten der Kirchenvätter, wie selbst ‚der geistreiche, philosophisch gebildete Verfasser' der Clementinen auf die Verbildlichung Gottes nicht verzichten wollen, damit die Seele zu Etwas beten könne und nicht ohne Widerhalt ins Leere gleite, s. Strauss a. a. O. I, 552, 7.

[1] Auch Saadias bespricht die Frage über Gottes Wirklichkeit trotz seiner Undenkbarkeit nach seiner Darstellung der Attributenlehre (Em. II, 9; S. 55). In seiner Antwort liegt auch bereits der Ansatz zu der von Bachja weiter ausgebildeten und nach dem Zwecke seines Buches ausführlicher dargelegten Ansicht.

[2] Auch Saadias führt die Seele und die Vernunft als Beispiele an, um an ihnen die Verträglichkeit von Stärke und Dünne oder Subtilität bei Gott analogisch zu erweisen (Em. II, 6; S. 48).

[3] Aehnlich sagt Gazzali: הנפש הוא דבר נכבד אלהי יותר יקר ומעולה מטיפש בחושים החמשה אבל יושב בשכל אי יוקח עליה ראיה ומופת מפעלותיה וענינה (מאוני צדק) ed. Goldenthal S. 32).

[4] הפילוסוף scheint hier nicht Aristoteles zu sein, es lässt sich wenigstens aus den Werken dieses Philosophen dieser Satz nicht nachweisen.

Eine richtige Erkenntniss unserer Seelenkräfte wird uns übrigens die Unmöglichkeit, uns Gott bildlich vorstellen zu können, ganz begreiflich finden lassen. Von den fünf leiblichen Sinnen hat ein jeder sein besonderes Gebiet zugewiesen, so z. B. der Gesichtssinn Farben und Formen, der Gehörsinn Schälle und Klänge, hat ein jeder eine Grenze seiner Leistungskraft, die er nicht überschreiten kann, ohne seinen Dienst zu versagen, wie der Gesichtssinn z. B. nicht über eine gewisse Entfernung hinaus sehen kann. Ein Sinn kann nicht die Leistungen des anderen übernehmen, wir können mit den Augen [1] nicht hören und nicht mit den Ohren sehen. Für den Gesichtssinn ist der Schall unfassbar, wie für den Gehörsinn das Licht. Ganz ebenso haben die Seelenkräfte, die fünf geistigen Sinne ihre gegen einander abgegrenzten Wirkungskreise, jeder seine bestimmte Schranke, über die hinaus er nicht leistungsfähig sein kann. So nimmt der Verstand die Dinge [2] entweder durch ihr Wesen selbst oder durch Beweise wahr, das Naheliegende und Offenbare durch sie selbst, durch ihr Wesen, das Entfernte und Verborgene durch Beweise, die deren Dasein bekunden. Von Gott, dessen Wesen uns am Entferntesten und Verborgensten ist, kann also der Verstand nur durch Beweise sein Dasein erfahren. Und weil ein Sinn nicht über die Schranke seiner Kraft hinausgehen kann, ohne seinen Dienst zu versagen, so darf der Verstand nicht bis zur Vorstellung des göttlichen Wesens vordringen wollen, wenn er nicht selbst die Erkennt-

---

[1] Wie hier Bachja überhaupt den lauteren Brüdern gefolgt zu sein scheint, so findet sich auch bei ihnen die Bemerkung von den abgegrenzten Sinnesbezirken. ‚Von den sinnlichen Kräften erfasst jede einzelne speciell eine Gattung des sinnlich Wahrnehmbaren, wie wir oben darthaten. Die Sehkraft erfasst weder den Schall, noch den Geschmack, noch Geruch, noch Tastbares, sondern nur Farben u. s. f.' (Dieterici, Anthropologie S. 38).

[2] Auch Abraham ibn Daud erklärt die Unmöglichkeit, Gottes Einheit ganz zu erfassen, aus einer in der Naturanlage begründeten Schwäche unseres Verstandes, der die Erhabenheit des göttlichen Wesens ebensowenig zu begreifen vermöge, wie die Fledermaus in die Sonne sehen kann. Doch ist Abraham ibn Daud strenger Aristoteliker und auch an dieser Stelle (Em. ram. S. 53), wo auch der Philosoph erwähnt wird, hat er, wie ich in meiner Darstellung seiner Attributenlehre zeige, eine Stelle aus der Metaphysik (II, 1) für seinen Zweck verwendet.

niss vom Dasein Gottes dabei einbüssen will. So liegt es also in der Natur unseres Erkenntnissvermögens, Gott nur durch Beweise aus seinen Schöpfungen erfassen zu können, hierbei aber stehen[1] bleiben zu müssen, ohne zu dem Versuche einer Vorstellung oder gar sinnlichen Wahrnehmung Gottes uns versteigen zu dürfen. Schon der Versuch vernichtet das Bewusstsein vom Dasein Gottes, da er, sobald er verbildlicht, also in Aehnlichkeit und Vergleich gesetzt wird, aufhört Gott zu sein.

Zwei Gleichnisse sollen die Art der geistigen Wahrnehmung aus Beweisen und ihre natürliche Begrenzung anschaulich machen (S. 84). Setzen wir den Fall, es sause ein Stein durch die Luft und beschädige einen Menschen. Der Gesichtssinn lehrt uns die Gestalt des Steines kennen, mit dem Gehörsinn haben wir sein Sausen vernommen und erhalten durch den Tastsinn über seinen Kälte- und Härtegrad Auskunft. Hiermit sind die Leistungen der Sinne in diesem Falle zu Ende. Jetzt tritt der Verstand ein und zieht aus der Verknüpfung ihrer Angaben den Schluss, dass der Stein geschleudert wurde. Ohne die Aussagen der Sinne hätte der Verstand zu keinem Schlusse gelangen können. Wenn so der Verstand, die höhere Seelenkraft unabhängig von den Sinnen kein Ding erfassen kann, wie sollen die Sinne zu einer Vorstellung von dem gelangen, was der Verstand nicht erfassen kann, wie diess eben bei Gott der Fall ist!

---

[1] ‚Denket über die Werke des Schöpfers nach, nicht über sein eigenes Wesen‘, soll schon der Prophet gesagt haben und, wie Gazzali Ihjâ IV, 540 will, auch nicht über seine Attribute (Kremer a. a. O. S. 112). Die Erkenntniss Gottes aus seinen Werken wird auch von den lauteren Brüdern dringend empfohlen, die diesen Weg, zu Gott zu gelangen, für eine Uranlage der Vernunft ansehen, wie in der Stelle: ‚Auch machte es Gott zum Grundsatz in der Uranlage der Vernunft, dass sie zu schliessen vermöge, ein wohlgefügtes Werk könne nur von einem weisen Meister herrühren‘ (Dieterici, Naturanschauung S. 124). Von Pythagoras berichtet Schahrastani die Lehre, dass Gott ‚weder von Seiten der Vernunft noch von Seiten der Seele zu erfassen sei, so dass das vernünftige Denken ihn nicht erfassen und die aus der Seele stammende Rede ihn nicht beschreiben könne; da er über alle geistigen Eigenschaften erhaben, unerfassbar von Seiten seines Wesens sei; er sei nur erfassbar durch seine Wirkungen, seine Werke und seine Thaten.‘ (H. II, 98.)

Dass wir es ferner bei geistigen Wahrnehmungen an der Erkenntniss der Thatsache, des Daseins des Bewiesenen müssen genug sein lassen und der Eifer des Weiterforschens nur verderblich hierbei wirken kann, beweist das zweite Beispiel, das von der Beobachtung der Sonne [1] hergenommen ist. Begnügen wir uns nämlich, sie aus ihren Wirkungen zu erkennen, so werden wir ihr Leuchten, Glänzen, Scheinen wahrnehmen und sogar geniessen. Will aber Jemand ihre Rundung erkennen, zu ihrem Wesen an sich also vordringen, so erblindet er und kann nicht einmal ihre Wirkungen geniessen. Mit der Erkenntniss Gottes geht es ebenso. Beschränken wir uns darauf, seinen Spuren in der Schöpfung nachzugehen, aus seinen Wirkungen ihn zu erkennen, so werden wir immer mehr von ihm begreifen, im Verstande wird's zusehends heller und wir erreichen das, was wir nach unserer Kraft überhaupt erreichen können.

---

[1] Einen ähnlichen Gedanken theilt Moses ben Esra im Namen des Alfarabi mit החכם אבי יצף הנקרא אלפראבי אמר בספר המדע הטוב בענין הזה קצר השכל מהשיג יסות הראשונה כי אין קוצר השכל להשיג הבורא מפני חסרון מציאות הבורא אבל הוא בתכלית המציאות השלימה הגמורה אך לחולשת כחוה שכלי להחביר כח ישותו על המורגשות כן יקשה עליו להשיגו אי לצייר איתו לנפש והקצר ידי יכלתה להשכיל תפארת הבורא בעבור שלימותו המחליש כחנו כאשר נקרה לעינינו בשנבים לאור החמה והוא האיר הבהיר היה הראוי כי כפי שיהיה האיר שלם וחזק להיות איר העין שולטת בו יותר ואנו רואים הדבר הפך כי כפי שיהיה רוב שלימות האור ותכלית חומו יחלש ראות העין מהשיג והנה מה שיקרה לנוף השמש ק"ו ומה שהיא יותר צח וזך (Zion II, 122—3). Wiewohl der Grundgedauke dieser dem Buche السيرة الفاضلة (vrgl. darüber Steinschneider, Al-Farabi S. 70, Anm. 19) des Alfarabi entlehnten Stelle mit dem Bachjas übereinstimmt, so lässt sich dennoch für die Benutzung Alfarabis durch Bachja hieraus nichts beweisen. Denn Bachja führt den Vergleich in so eigenthümlicher Weise aus, dass er dem Alfarabis nur ähnlich, nicht gleich genannt werden kann. Bachja scheint den Vergleich auch nur äusserlich zu fassen, er scheint das Wesen Gottes für so völlig unvergleichbar zu betrachten, dass jede Vertiefung der Vergleichung durch den Gedanken an die sonnenhelle Klarheit des göttlichen Wesens ausgeschlossen ist. Die Mehrzahl derer, die dieses Bildes sich bedienen, scheinen es freilich in der Weise gefasst zu haben, dass Gott wie die Sonne „durch die Intensität seiner Erscheinung' — כי הוא נעלם לחווק הראיתו במו השמש sagt auch Abraham ibn Daud (a. a. O. 53) — unbegreiflich, unfassbar sei, so z. B. Sohrawardy, Gazzali u. A. (Kremer a. a. O. 96; 112). Vrgl. auch Steinschneider Maamar Ha-Jichud 17, A. 41.

Strengt sich aber einer an, Gottes Wesen zu begreifen, eine Vorstellung von demselben zu gewinnen, so verliert sich ihm die Einsicht selbst von dem, was er bereits erkannt hatte. So liegt in dem Bewusstsein, dass wir von Gottes Wesen nichts wissen können, der sicherste Schutz gegen jeden Versuch, ein Bild, eine Vorstellung von Gott erlangen zu wollen. Dieses Bewusstsein leiht uns aber auch die richtige Auffassung jener Attribute, zu deren Anwendung das Bedürfniss nach Gotteserkenntniss und Gottesverehrung nothwendig führen musste. Es bewahrt uns davor, nach dem einfachen Wortverstande und in der sinnlichen Bedeutung sie aufzunehmen und lehrt uns, nur uneigentliche und bildliche Ausdrücke, Nothbehelfe unseres Denkens in ihnen zu erblicken. Nur der, hat darum einer der Philosophen [1] erklärt, der das Absolute nicht zu fassen vermag, hält sich bei den in der Schrift Gott beigelegten Eigenschaften an den Wortsinn, ohne zu bedenken, dass sie nur auf die Vernunft des Hörers, des Empfängers hin, nicht nach dem Wesen des Gebers berechnet sind. In Wahrheit verhält es sich mit diesen sinnlichen Ausdrücken nicht anders wie mit den unarticulirten Anrufen, mit denen man Thiere zum Trinken aufmuntert und mehr erreicht als mit aller reinen und wohlberechneten Sprache.

Es bleibt somit für den Gläubigen der Gotteserkenntniss höchstes Ziel, aus seinen Werken Gott in seiner Weisheit, Stärke, Gnade, Barmherzigkeit und Vorsehung zu erfassen, und dieser Erkenntniss das eifrigste Bestreben zu widmen, ihr nachzuleben ist des Gläubigen Aufgabe und Pflicht.

Hätte es in der Absicht Bachjas gelegen, eine Theologie im weiteren Sinne zu schreiben, dann hätte er im Anschluss an seine Attributenlehre eine Reihe von Fragen zu lösen gehabt, deren Behandlung wir ganz bei ihm vermissen. Jedes der Attribute, die er zuletzt genannt hat, hätte ihm dann Veranlassung geboten, eine Anzahl damit in Zusammenhang stehender Probleme zu besprechen, die bei anderen jüdischen Religionsphilosophen den Gegenstand angestrengtester Untersuchung

---

[1] Die Quelle dieses Ausspruchs ist mir unbekannt. Vielleicht gehört auch er den lauteren Brüdern an, bei denen Aehnliches, wie in der bereits angeführten Stelle (Dieterici, Anthropologie S. 153, 154) vorkommt.

ausmachen. So wären, um nur einige beispielsweise herauszuheben, die Fragen über Gottes Weisheit, in welcher Weise Gott erkenne, ob er Alles wisse, das Einzelne oder nur die Gattungen, ob er auch wahrnehme und sinnlich anschaue, über Gottes Macht, ob er Alles vermöge und selbst über das Unmögliche Macht habe, über Gottes Gnade, warum er die Gerechten leiden lasse, den Unschuldigen Schmerz bereite, über Gottes Willen,[1] ob dieser von aller Ewigkeit her feststehe oder bei jedem Schöpfungsacte entstehe und ob dadurch nicht Gottes Wesen der Veränderung unterworfen werde, über Gottes Vorsehung, wie sie sich zum freien Willen der Menschen verhalte und über andere ähnliche Fragepunkte eingehend zu erörtern und namhaft zu machen gewesen. Bachja behandelt aber eben die Lehre von Gott nur einleitungsweise, nur diese allein, nicht aber Alles, was nur entfernt mit ihr in Zusammenhang steht, konnte er daher in den Kreis seiner Besprechung ziehen. Darum vermissen wir bei ihm jede Erörterung der meisten von den hier angedeuteten Fragen fast gänzlich und selbst dann, wenn er eine derselben zur Sprache bringt, geschieht es nur aus dem Grunde, weil er deren Behandlung für die innere Religiosität für belangreich hält. So bestimmt ihn die ethische Bedeutung der Willensfreiheit zur Behandlung dieses Problems.

In dem Wechselgespräche zwischen der Seele und dem Verstande, in welchem jene bei diesem für ihre Heilung sich Rath erholt (III, c. 8), wird als ‚Hinderniss der Gottesverehrung‘ und als ‚schwerste Krankheit‘ der Seele der in der Schrift hervortretende Widerspruch zwischen Stellen, die für die Unfreiheit, und solchen, die für die Freiheit des menschlichen Willens sprechen, bezeichnet. 'Diese Schwierigkeit, entgegnet der Verstand, werde nicht in der Schrift allein angetroffen, sie bestehe auch im Leben, in dem uns ja einige Handlungen gelingen, andere misslingen, also von einem ausser unserem Willen bestehenden und von ihm unabhängigen Willen geleitet werden. Ja selbst in den Thätigkeiten unserer Sinne unterscheiden wir

---

[1] Die gewöhnlichen Resultate der Untersuchung über den göttlichen Willen sind bei Bachja in die Bestimmungen zusammengefasst (II, c. 1; S. 96): הבורא ית׳ חפץ במעשהו ואיננו מוכרח ולא צריך ולא מטבע.

mit ganz deutlichen Bewusstsein [1] freiwillige von unfreiwilligen. Die Schwierigkeit ist nicht wegzuleugnen und in der That hat sie die verschiedensten Lösungen und Ausgleichungen erfahren. So haben Einige [2] z. B. eine vollständige Freiheit des menschlichen Willens angenommen. Nach dieser Annahme hat sich Gott jeder Einwirkung auf die menschlichen Handlungen begeben und diese dem Belieben, dem freien Willen jedes Einzelnen überlassen, wesshalb auch Lohn und Strafe auf dieselben gesetzt ist. Andere [3] hingegen bestreiten die Willensfreiheit gänzlich und behaupten, dass in der gesammten Welt keine Bewegung ohne Entschluss und ausdrückliches Geheiss Gottes sich vollziehe. Wie kann es aber neben solchem Zwang noch Lohn und Strafe geben? Auf diese Frage erklären sie keine Antwort zu wissen, es sei diess eben ein unbegreiflicher Punkt, nur so viel sei gewiss, dass Gott gerecht sei, wenn wir auch nicht hinter das Geheimniss seiner Weisheit zu dringen vermögen. Noch Andere endlich haben Freiheit [4] und Unfreiheit zugleich angenommen und jede Forschung über diesen Gegenstand als nothwendig zur Sünde führend verworfen. Sie meinen, dass es das Beste sei, unsere Handlungsweise so einzurichten,

---

[1] In dieser Weise scheinen die Worte וראה לך ממני נם זה בהגיעך לשוני וישמעו וראיתו (S. 173) aufgefasst werden zu müssen. Aehnlich sagt al-Aschari: „Das Geschöpf hat Macht über seine Handlungen, da der Mensch von selbst einen nothwendigen Unterschied zwischen den Bewegungen des Zitterns und Bebens und zwischen den Bewegungen der freien Wahl und des Willens inne wird" (Schahrastani, II. I, S. 102).

[2] Die entschiedene Behauptung der Willensfreiheit ist es, die der Mutazila den Namen „Anhänger der Gerechtigkeit" einbrachte, denn unter „Gerechtigkeit" (العدل) verstand man die Gesammtheit aller auf die Freiheit des Menschen bezüglichen mutazilitischen Lehren. Scharf fasst der Mútazilit Saadias diese Lehre zusammen in die Worte (Em. IV, c. 3): אין הבורא לו שום הנהגה במעשה בני אדם.

[3] Es war dies die Lehre der „reinen Dschabarija", wie sie besonders scharf in den Aeusserungen Hischâm Ibn al-Ḥakams zu Tage tritt. Vrgl. darüber Schahr. H. I, 89, 91, Ez Chajim c. 86.

[4] In diesem Sinne scheint hier das Wort צדק gefasst werden zu müssen, da dann die darauffolgende Lebensregel passend an והצדק הדברה sich anschliesst. Sonst pflegt es die Uebersetzung des mutazilitischen Schulausdrucks العدل zu bezeichnen, s. Frankl, der mutazilitische Kalâm S. 11.

wie wenn wir dafür verantwortlich wären und vollständig willensfrei dabei verführen, andererseits aber ein derartiges Gottvertrauen zu bewahren, wie wenn wir des Glaubens lebten, dass alle Geschehnisse, gute wie böse, von Gott bestimmt seien. Dieser Annahme scheint Bachja sich anzuschliessen.[1] Gottes Weisheit ist für uns unerfassbar und diese unsere nothwendige Unwissenheit in diesem Punkte ist nach seiner Ansicht mit eine Wohlthat Gottes. Sicherlich hätte Gott uns dieses Geheimniss eröffnet, wenn mit seiner Kenntniss irgend ein Vortheil für uns verbunden wäre. Diese Art der Unwissenheit ist eine für uns wohlthätige, wie die Decke, die das Auge des schwachsichtigen Menschen vor der Blendung durch das Sonnenlicht bewahrt, eine Wohlthat für ihn ist. Je schwächer das Auge, mit desto dichterer Decke muss es vor dem Eindringen des Lichtes geschützt werden.

Was wäre übrigens die Thatsache, dass wir in unserer Unfreiheit frei seien, trotz der Ausführung aller unserer Handlungen durch Gottes Allmacht Lohn und Strafe verdienen, mehr als eine Unbegreiflichkeit für unseren Verstand? Was aber für diesen[2] unbegreiflich ist, braucht darum denn doch durchaus nicht unmöglich zu sein. Sagte uns z. B. Jemand, man könne mit einem Instrument die Bewegungen der Sphären, die Sternörter, die Entfernungen der Dinge ermitteln, wir würden ihn sicherlich für einen Lügner halten, wenn wir noch

---

[1] Diess geht deutlich aus seinen Worten (S. 175) והדעת הזאת קרובה אל דרך ההצלה und aus seiner ganzen Begründung hervor. Kurz prägt sich Bachjas Ansicht hierüber aus in seiner Aeusserung: כל תנועותיך נקשרות בהפץ הבורא יתברך והניחנו ורצינו הקטנה והגדולה סבהם והגלויה והנסתרת חוץ ממה ששם ברשותך מבחירת הטוב והרע (II. c. 5; S. 119), wo Freiheit und Unfreikeit zugleich behauptet werden.

[2] Genau denselben Gedanken finden wir bei Gazzali, der die aus ihrer Widersinnigkeit gezogenen Schlüsse auf die Unmöglichkeit der Wunder im Jenseits und der Herzensläuterung durch religiöse Vorschriften beseitigt, indem er die vergiftende Kraft des Opiums, die Träume, das Feuer aufführt, lauter Dinge, wider deren Möglichkeit sehr viele grundvernünftige Einwände erhoben werden könnten, und die darum nichts desto weniger wahr und thatsächlich sind. Scheinbare Unmöglichkeit ist eben für die Wahrheit einer Sache kein Kriterium, ein Grundsatz, zu dessen Annahme Gazzali selbst die Naturforscher nöthigt, منقذ ٥٧-٥٨, in Schmölders Essai 79, 80.

nie ein Astrolab [1] gesehen hätten. Ja selbst die einfachsten Dinge begriffe unsere Vernunft nicht, wenn sie nicht durch deren Dasein von ihrer Möglichkeit überzeugt würde. Eine Wage, an der ein Arm länger ist als der andere und an der mit einem einzigen Gewichte die verschiedensten Lasten gewogen werden, hielte die Vernunft eine solche für möglich? Und doch existirt die Läuferwage. Wer möchte nach seiner Urtheilskraft es für glaublich halten, dass ein mächtiger Stein durch die Kraft des Wassers zu Leistungen bewegt werde? Fällt doch schon ein kleines Steinchen im Wasser auf den Grund, würden wir sicherlich schnellfertig einwerfen. Und doch ist in jedem oberen Mühlstein die Unglaublichkeit als Thatsache anzutreffen. Wir sind nämlich weit entfernt davon, die Geheimnisse der Schöpfung so erkannt zu haben, dass Alles, was sich nicht vor dem Richterstuhl unserer Vernunft auszuweisen vermag, als unbedingt unmöglich zurückzuweisen wäre. Wenn wir so kaum das Handgreifliche zu begreifen vermögen, wie sollten wir das Uebersinnliche, etwas so Verborgenes, wie das Problem der Willensfreiheit verstehen! [2]

Ebenso sehen wir ein anderes religionsphilosophisches Problem, das im Kalâm [3] ausführlich in der Gerechtigkeitsgruppe behandelt zu werden pflegte, bei Bachja nur wegen seiner Bedeutung für die religiöse Gesinnung zur Sprache kommen, das Problem nämlich von der Noth der Frommen und dem Glück der Ungerechten. Wider Bachjas Behauptung, dass Gottvertrauen und Gottesfurcht die Mühen des Lebens erleichtern, den Erwerb sichern, erhebt sich der Einwand, dass ja die Erfahrung gerade das Gegentheil lehre, indem oft der Gerechte dulden und leiden muss, der Frevler aber in mühelosem Wohlergehen dahinlebt (IV, c. 3; S. 209 ff.).

Dieses Problem, meint Bachja, ist zwar von den Propheten bereits vielfach behandelt worden, er bringe es jedoch

---

[1] Vrgl. über dieses Instrument Woepcke in den Abhandlungen der königlichen Akademie der Wissenschaften zu Berlin, math. Abh. S. 1–31.

[2] Abraham ibn Daud räth in der Einleitung seines Werkes (S. 4) Jedem, der in diesem Problem etwas Unlösbares erblickt, das uns weiter nicht zu kümmern brauche בכ לתבלותו בכרב לבו דאג ולא אדם בן ישיגנו שלא, von seinem Buche sich lieber fernzuhalten.

[3] Vrgl. darüber Schahrastani H. I, 86, 87, Frankl a. a. O. 39, 40 und Saadias Darstellung im Emunoth V. c. 2, 3.

auch zur Sprache, weil er eine genügende Lösung [1] desselben geben zu können hoffe. Das Leiden des Frommen kann verschiedene Ursachen haben: 1. ein früheres Vergehen; 2. die Absicht Gottes, des Frommen Lohn im Jenseits zu erhöhen; 3. oder durch sein Leiden den Menschen ein Beispiel zu geben; 4. wegen der Frevel der Zeit; 5. wegen Feigheit gegen die Zeitgenossen, wider die der Fromme mit heiligem Eifer auftreten müsste.

Ebenso hat Gottes Gnade gegen die Frevler ihre Gründe: 1. ein früheres Verdienst; 2. Deponirung von Glücksgütern bei ihnen für würdige Nachkommen; 3. Veranlassung zum Fall; 4. Langmuth Gottes in Erwartung ihrer Besserung; 5. Vergeltung für väterliche Verdienste; 6. Prüfung Anderer durch solche verlockende Beispiele.

Bezeichnend für den Charakter von Bachjas Darstellung der Theologie, die von ihm durchaus nicht im weiteren Sinne als Gegenstand seines Werkes aufgefasst wurde, sind seine Aeusserungen über die allerwichtigsten theologischen Fragen, die er nur gelegentlich und ohne alle eingehende Ausführlichkeit gleichsam fallen lässt. So erwähnt er die Frage von der Unsterblichkeit der Seele, der Ueberflüssigkeit alles Gottesdienstes, da Gott ja bedürfnisslos ist, der jenseitigen Vergeltung und dem Grunde ihrer Nichterwähnung [2] in der Schrift nur bei Gelegenheit seiner Schilderung des bösen Triebes und seiner vielgestaltigen Verlockungskünste, in denen auch skeptische Fragen und Einwürfe eine Rolle spielen. Seine Widerlegungen dieser Einwürfe und seine Antworten auf diese Fragen beschränken sich in der Regel aber nur auf kurze Andeutungen (V. c. 5).

[1] Bachja folgt hier bis in die Einzelheiten der Lösung des Saadias (a. a. O.), dem er sogar die Beispiele, wie in der dritten Ursache das Beispiel von Hiob, oder das vom König Manasse entlehnt. Wie sehr aber bei Bachja der kalamistische Charakter in der Fragestellung sowohl wie in der Lösung abgestreift ist, kann man am besten daran erkennen, dass er die im Kalâm so viel behandelte Frage von den Schmerzen der Kinder, die Josef al-Basir (Frankl, a. a. O. S. 40, 1) und Saadias (a. a. O. S. 87) zum Gegenstande einer Erörterung machen, vollständig übergeht.

[2] Ausführlicher bespricht Bachja die Gründe dieser Nichterwähnung (IV, c. 4; S. 234), wo ihm daran gelegen ist, das Vertrauen auf die göttliche Belohnung im Jenseits zu befestigen.

Aber neben diesem Gesichtspunkte, dass Bachja die Lehre von Gott nur als Einleitung und zugleich Grundlage seines Werkes behandeln wollte und Manches darin, was eingehender Behandlung werth erscheint, weglassen musste oder nur flüchtig berühren durfte, ist auch noch ein Anderes nicht zu übersehen, dass nämlich Bachja das allzutiefe Eindringen in die Metaphysik verurtheilte[1] und alle zu weit getriebene Grübelei wegen der unserer Erkenntniss anhaftenden Beschränktheit als unnütz und verderblich verwerfen musste. So unterbricht er (I. c. 10; S. 82) seine Auseinandersetzung darüber, dass Gott sinnlich nicht wahrnehmbar und nicht bildlich vorstellbar sei, mit den Worten: „Da wir nun so weit gelangt sind, haben wir es nicht nöthig, den Gegenstand weiter auszuführen, weil wir hierbei furchtsam, ängstlich und vorsichtig sein müssen, wie ein Weiser [Sirach] sagt (Chagiga 13 b): Erforsche nicht das Unerreichbare, das Verborgene untersuche nicht u. s. w‘.

[1] Dass diese Ansicht die der lauteren Brüder ist, geht aus Stellen wie die folgenden hervor: ‚Wenn sie über die Entstehung der Welt nachdenken und darüber, dass sie ward, nachdem sie nicht gewesen, auch nach der Ursache forschen, welche den Schöpfer zum Schaffen trieb, nachdem er vorher nichtschaffend gewesen, so ist dies die Ursache, welche der Endzweck heisst, dessentwegen der Thuende etwas thut. Wenn nun viele Gelehrte über diese Ursache nachdenken und darnach forschen, so wissen sie dieselbe nicht; dasselbe geschieht auch, wenn sie über den Schaffenden selbst nachdenken, wann er schuf, zu welcher Zeit er handelte und an welchem Orte er schaffend war: weder wissen sie dies noch können sie es sich vorstellen. Ebenso, wenn sie darüber nachdenken und forschen, woraus er Alles schuf, wie er es formte und wo die Fussspitze des Zirkels stand, als er die Kreisform der grössten Sphäre beschrieb und die Sterne in Umschwung versetzte, und was dergleichen Fragen und Grübeleien mehr sind über so viele andere solche Dinge, von denen weder die Erkenntniss in der Macht des Menschen steht, noch die Vorstellung in der Kraft seiner Seele liegt. So kommt es denn dass ihre Thorheit, ihre Verwirrung und ihre Scrupel sie verleiten, zu behaupten, die Welt bestehe von Ewigkeit her‘. (Dieterici, Naturanschauung S. 123), vrgl. Diet. Anthropologie S. 110. 111. „Auch die Vernunftkraft des Menschen ist eine mittlere. Dieselbe kann sich nur die zwischen Klarheit und Verborgenheit in der Mitte liegenden Vernunftsobjecte vorstellen. Wegen allzuheller Klarheit und zu klarem Hervortreten, nicht aber wegen der Verborgenheit seines Wesens kann die Vernunft des Menschen den Schöpfer nicht in seinem eigentlichen Wesen erfassen‘ (a. a. O. S. 112).

Wenn so jeder Weg uns abgeschnitten scheint, durch die Kräfte unseres Denkvermögens zur Erkenntniss Gottes und des Uebersinnlichen zu gelangen, so ist die Möglichkeit, überhaupt sie jemals erkennen zu können, damit noch durchaus nicht ausgeschlossen. Unsere, nach Bachjas Ansicht (z. B. III., c. 2; S. 136) aus der oberen, geistigen Welt stammende Seele vermag auch noch auf Erden zur Anschauung des Göttlichen, Reingeistigen sich zu erheben, wenn sie nur zuvor alle Bedingungen der inneren Religiosität erfüllt hat. Wenn die Seele nach Bachjas Anweisung mit sich Rechenschaft gehalten hat, dann erreicht sie nach seiner Meinung (VIII, c. 4.): ‚Die Reinheit ihres Wesens von der Umdüsterung der Thorheit und Befreiung von der Finsterniss des Zweifels'. ‚Du wirst dann, sagt er (ib. 394), auf der Stufe jener Gotterwählten stehen und eine höhere, unbekannte Kraft erwacht in dir, die du unter deinen gewöhnlichen Kräften nicht kennen gelernt hast, dann erkennst du in der Klarheit deiner Seele, deines Herzens Lauterkeit und deines Glaubens Kraft jene erhabenen Materien und tiefen Geheimnisse und kraft der Erhabenheit dessen, was du erschaut hast, und der Grösse des Geheimnisses, das unter Gottes Beistande dir offenbart wurde, wirst du hier wie dort unaufhörliche Freude geniessen.' ‚Dann erscheint dir jene erhabene Form, die dir unbekannt gewesen, du kannst sie sehen, an ihrer Lieblichkeit und an ihrer Schönheit Glanze dich ergötzen, jene hocherhabene Form, die sinnlich dir unzugänglich gewesen, Gottes Weisheit und die Schönheit der oberen Welt, deren Form und Gestalt und Allmacht uns verborgen ist.' ‚Deine Seele wird sich läutern, dein Verstand aufhellen und Alles, was deiner Seele verborgen war, wird dir vorstellig werden und mit offenen Augen wirst du die wahren Formen sehen, das Thor der Höhen wird sich dir aufthun und der Vorhang, der zwischen dir und der Weisheit Gottes eine Scheidewand bildet, wird sich aufrollen vor deinen Augen und Gott selber wird dich erhabene Weisheit und nützliche Uebung lehren und göttliche Kraft dir verleihen' (ib.). Das ist der Seelenzustand,[1] zu dem nach Bachja die

---

[1] Dass Bachja auch hier der Anschauung der lauteren Brüder folgt, erkennt man aus folgender ihrer Aeusserungen: ‚Erwacht die Seele vom Thorheits-

wahren Frommen gelangen. Wenn die Seele voll von dem Gedanken an Gottes Allgegenwart und Allwissenheit alle Handlungen gleichsam unter Gottes Augen vollführt und der Mensch solcher Handlungsweise mit Eifer sich befleissigt, ‚dann wird der Schöpfer seine Betrübniss lindern, sein geängstigtes Herz beruhigen, die Zugänge zu seiner Erkenntniss ihm erschliessen, die Geheimnisse seiner Weisheit ihm offenbaren, seine Augen auf seine Führung und Lenkung richten und ihn nicht sich selbst und seiner Eigenmächtigkeit überlassen, so dass er dann auf die oberste Stufe der Frommen und den höchsten Ehrenplatz der Gerechten gelangt, ohne Augen sehen, ohne Ohren hören, ohne Sprache sprechen, ohne Sinne sinnlich wahrnehmen kann, ohne Schlüsse zu einer Auffassung gelangt' (VIII, c. 3; S. 358).

Dieser Erkenntnissweg Bachjas ist offenbar ein ekstatischer Zustand der Seele, der in einer höheren Erleuchtung besteht, die eine Anschauung des Göttlichen und Uebersinnlichen uns vermittelt. Wenn aber Bachja diesen Zustand als das natürliche Ziel eines reinen, religiösen Lebens, nicht aber als etwas hinstellt, was durch gewaltsame Askese erzwungen werden kann, wenn er weit davon entfernt ist, etwa in der Weise der späteren spanischen Aristoteliker, von einer sinnlichen Wahrnehmung Gottes und dem Hören seiner Stimme [1] während der Ekstase zu sprechen, so hat sein reiner Gottesglaube ihn hiervor bewahrt, wie denn überhaupt das Bewusstsein, mit der Lehre von der Ekstase ein Fremdes auf jüdischen Boden zu verpflanzen, vor einem Zuweitgehen in dieser Richtung warnen musste.

schlummer und wirft sie von ihrem Wesen die leibliche Schuld und körperliche Hülle, das ist die natürlichen Gewohnheiten, schlechte Anlagen und thörichten Absichten ab, so wird sie von den stofflichen Begierden frei, ihr Wesen wird lichtartig, ihre Substanz erstrahlt. Ihr Blick wird dann scharf und sieht sie dann die geistigen Formen, sie erschaut die ewigen Lichtsubstanzen und bezeugt die geheimen Dinge und verborgenen Geheimnisse, welche weder mit den körperlichen Sinnen, noch an leiblichen Kennzeichen wahrgenommen werden. Hat dann die Seele jene geheimnissvollen Dinge erschaut, so hängt sie sich an sie, so wie der Liebende an die Geliebte, sie wird Eins mit ihnen, Licht in Licht, bleibt ewig mit ihr in einer Lust, welche die Rede weder beschreiben noch der Gedanke erfassen kann'. Es wäre überflüssig, die Einzelheiten namhaft zu machen, in denen diese Stelle (Anthropologie S. 102; vrgl. auch S. 127) mit denen Bachjas genau übereinstimmt.

[1] Wie z. B. Ibn Tophail den Haj ibn Jakzân in der Ekstase Gottes Stimme hören (Philosophus autodidactus S. 155) und seine Wesenheit selber sehen lässt. Vrgl. Ritter, die chr. Phil. I, S. 501 und 505.